JARDINERÍA
ACUAPÓNICA

Una guía para principiantes para construir
su propio jardín acuático

Por Tom Gordon

JARDINERÍA ACUAPÓNICA

© Copyright 2019 - Todos los derechos reservados.

El contenido de este libro no puede ser reproducido, duplicado o transmitido sin permiso directo por escrito del autor o del editor.

Bajo ninguna circunstancia se podrá culpar o responsabilizar legalmente al editor, o al autor, por cualquier daño, reparación o pérdida monetaria debido a la información contenida en este libro. Ya sea directa o indirectamente.

Aviso legal:

Este libro está protegido por derechos de autor. Este libro es solo para uso personal. No puede enmendar, distribuir, vender, usar, citar o parafrasear ninguna parte, o el contenido de este libro, sin el consentimiento del autor o editor.

Aviso de exención de responsabilidad:

Por favor, tenga en cuenta que la información contenida en este documento es solo para fines educativos y de entretenimiento. Se ha hecho todo lo posible por presentar una información precisa, actualizada y fiable y completa. No se declaran ni se implican garantías de ningún tipo. Los lectores reconocen que el autor no está comprometido en la prestación de asesoramiento legal, financiero, médico o profesional. El contenido de este libro se ha obtenido de varias fuentes. Por favor, consulte a un profesional autorizado antes de intentar cualquier técnica descrita en este libro.

Al leer este documento, el lector está de acuerdo en que bajo ninguna circunstancia el autor es responsable de las pérdidas, directas o indirectas, en que se incurra como resultado del uso de la información contenida en este documento, incluyendo, pero sin limitarse a ello, errores, omisiones o inexactitudes.

JARDINERÍA ACUAPÓNICA

ÍNDICE

Introducción vi

Parte I - Para llegar a lo básico...**x**

Capítulo Uno - ¿Qué es la Jardinería Acuapónica y cómo funciona? 1

Capítulo Dos - El gran enfrentamiento: 6

Aquaponics vs. Jardinería Hidropónica............................6

Capítulo Tres - ¿Cuáles son los beneficios de la jardinería acuapónica? 13

Parte II - Súbase las mangas, vamos a lo básico................**20**

Capítulo Cuatro - Tipos de sistemas acuapónicos..............21

Capítulo Cinco - Estableciendo de su Jardín Acuapónico.......33

Capítulo Seis - Estableciendo su Jardín Acuapónico de Tecnología Avanzada...47

Capítulo Siete - Estableciendo de un imponente Jardín Acuapónico 58

Capítulo Ocho - Instalando un Jardín Acuapónico más fácil..68

Capítulo Nueve - ¿Qué hay en tu agua? 74

(Más de lo que nunca quisiste saber sobre el pH)..............74

Parte III - Llene su sistema acuapónico con vida................**83**

Capítulo Diex - ¿Qué hay en el menú? 84

....93

Capítulo Once - Para un sistema pequeño, cultivar una lechuga 95

Capítulo Doce - Para un sistema grande, cultivar un plato de vegetales... 102

Capítulo Trece - ¿Cómo empiezo a cultivar plantas? 112

JARDINERÍA ACUAPÓNICA

Capítulo Catorce - Mantenimiento y prevención de plagas.. 118

Capítulo Quince - Aplicaciones comerciales de la jardinería acuapónica 126

Capítulo Dieciséis - Haga una gran comida 137

Parte IV - La ciencia detrás de la jardinería acuapónica 155

Capítulo Diecisiete - Glosario de términos............................ 156

Palabras finales.. 183

JARDINERÍA ACUAPÓNICA

INTRODUCCIÓN

Si le gusta cultivar sus alimentos, probablemente le encanta la sensación de la tierra y se deleita con la alegría de cosechar sus cultivos. Los jardines nos dan placer. Los jardines se remontan a nuestros primeros antepasados encontrando comestibles en la naturaleza y aprendiendo a trasplantarlos a una parcela. Los jardines colgantes de Babilonia dan testimonio de la sensación de maravilla que trae un jardín.

Además, la jardinería ofrece otros beneficios, como la reducción del estrés, el ejercicio y el almacenamiento de toda esa valiosa vitamina D obtenida del sol. (Las deficiencias de vitamina D están relacionadas con un aumento de los ataques cardíacos, la diabetes de tipo 1 y la osteoporosis). Otro beneficio obvio es el factor de ahorro. En el verano, comemos en el jardín y reducimos nuestras facturas de la tienda de comestibles. También conservo un extra para el invierno. De hecho, no puedo imaginarme la vida sin un jardín. Sin embargo, la jardinería no siempre es fácil.

Las condiciones climáticas adversas, como el clima invernal con un verano corto o la vida en una zona desértica, a menudo hacen que cultivar su propia comida sea un desafío. Además, regar un jardín se vuelve caro. Mantener la calidad del suelo puede ser complicado, comprar fertilizante y preocuparse por mantenerlo listo para la próxima temporada de crecimiento. La buena noticia es que nada de eso es necesario.

JARDINERÍA ACUAPÓNICA

El mundo de la jardinería acuapónica lo invita a una nueva forma de cultivar y cosechar su propia comida, y no es tan difícil como parece. Ya lo sé. Cuando empecé a investigar la jardinería acuapónica, me sentí abrumado en menos de una hora. ¿Tengo que hacer qué? ¿No huele? A pescado. ¡Ugh! *¡No lo creo!*

Poco a poco ese disgusto se convirtió en respeto a regañadientes. Cuanto más aprendía, más quería saber. Después de leer innumerables libros y artículos, finalmente me sentí listo para embarcarme en esta nueva aventura, pero mi mesa estaba llena de artículos y montones de papeles burlándose de cada intento de inculcar orden. Cuando necesité refrescar mi memoria, tuve que hurgar en el desorden y fue difícil de manejar en el mejor de los casos, un desastre más a menudo de lo que me importaba admitir.

Poner toda esa información en un formato a mi alcance se convirtió en el génesis de este libro. Para cuando lo puse todo junto, mis propios jardines flotantes eran un testamento del regreso de las maravillas de Babilonia, a mis ojos, por lo menos. A mis vecinos les encantaban las verduras que podía compartir con ellos, así que sus elogios también eran sinceros.

Usted también puede cultivar su propio jardín a base de agua, y no es tan difícil como cree. ¡Una gran ventaja fue mi experiencia de primera mano al probar que no era apestoso después de todo! No lo habría adivinado, pero es verdad. Un jardín hidropónico administrado adecuadamente produce menos olor que un acuario, ya que los niveles de amonio se mantienen consistentemente en el nivel adecuado, a diferencia de una pecera que nadie quiere limpiar los lunes, martes o cualquier otro día de la semana.

Para facilitarle las cosas a los amigos y a la familia (y eso lo incluye a usted, lector amable, ya que es un nuevo amigo), comparto lo que aprendí. Quiero proporcionarles una guía más legible, pero completa, para que sigan mis pasos. Espero que algunos de ustedes nunca hayan hecho jardinería antes, así que les ofrezco instrucciones básicas, además de un glosario indexado para más detalles. Tal vez vivan en una zona urbana y nunca hayan tenido la oportunidad de hacer jardinería; encontrarán que la jardinería acuapónica es perfecta para los tejados. Tal vez usted vive en un clima que no soporta la temporada de crecimiento de los tomates; la jardinería acuapónica de interior es perfecta para usted. No tenga miedo de subirse al carro y aprovechar esta nueva opción que está encendiendo la comunidad de jardinería. Quiero darte toda la información que necesitas:

- Necesita saber qué es y qué no es la jardinería acuapónica.

- ¡Necesita algo de convencimiento antes de saltar al agua, y su familia también!

- Debe aprender sobre los sistemas disponibles, y cómo elegir el mejor sistema para su casa y jardín.

- Debe aprender cómo configurarlo, cómo mantenerlo y cómo funciona.

- Sobre todo, necesita un libro de texto con un diccionario para aprender muchos términos nuevos y los antecedentes científicos para compartir con familiares y amigos incrédulos. Para ello, he destacado en negrita los términos definidos y expuestos en el glosario al final del libro. Prometo no sobrecargarlo con demasiada información tan rápido, explotando su cabeza y causando que deje el libro a un lado en la desesperación. No se preocupe, estamos juntos en esto.

Este es su libro de referencia para crear su propio jardín acuapónico, un jardín que puede usar durante todo el año, en interiores o exteriores, siempre cultivando su plato de lechuga o de verduras. Así es. Con tu jardín acuapónico, sus preparaciones para la cena están a solo unos pasos de distancia. ¿Está listo para cavar? ¡Hagámoslo juntos!

PARTE I

PARA LLEGAR A LO BÁSICO

JARDINERÍA ACUAPÓNICA

CAPÍTULO UNO

¿QUÉ ES LA JARDINERÍA ACUAPÓNICA Y CÓMO FUNCIONA?

Si eres jardinero, has experimentado la alegría de plantar y cosechar comida para la mesa. ¿Yo? Me encanta el principio y el final... pero no tanto el medio. Ya sabes a lo que me refiero: el interminable deshierbe, regar y fertilizar regularmente, controlar las plagas y hacer la manicura del jardín. ¿Qué pasa si te digo que hay una manera de evitar ese paso intermedio? Eso sería genial, ¿verdad?

La jardinería acuapónica se basa en el agua, no en el suelo. Incorpora una fuente de fertilizante incorporada. Es un mundo perfecto en el que *nunca se deshierba*. Su jardín es una delicia para los ojos, y lo hace todo con poco esfuerzo diario.

Pero aquí está el truco: ¿está familiarizado con la **simbiosis**? Va a crear una relación simbiótica entre planta y animal. Primero, creará un tanque de agua con algún tipo de pez (y llegaremos a eso), pero hay tantos tipos de peces, dependiendo de lo que quiera cultivar y del tamaño disponible. Luego, creará un suministro de agua cargado de nutrientes **(película de nutrientes)** y un medio para distribuirlo. Luego, plantará sus plántulas en recipientes que reciben agua constante ...

¿El resultado final? Los peces proporcionan el fertilizante. Las plantas mantienen el agua limpia, y usted disfruta de la cosecha. La forma en que se crea ese brebaje óptimo y la forma en que se distribuye puede derivarse de varias formas diferentes de jardinería acuapónica, pero el concepto es válido para todos.

Un factor clave es su **sostenibilidad**. Un jardín acuapónico está destinado a funcionar por sí mismo con un mínimo de esfuerzo. Se necesita un poco de información y un poco de trabajo para configurarlo, un poco de tiempo para crear esa encantadora agua cargada de nutrientes, pero todo es parte de la alegría de construir su propia obra maestra de pescado y productos, combinados en un ecosistema mutuamente beneficioso.

Sí, es así de simple. Esperaba que fuera un procedimiento desalentador. Quiero decir, a primera vista, pensé que sonaba sospechoso (mal juego de palabras), pero cuanto más investigaba y ponía en práctica los consejos que estaba aprendiendo, más fácil

JARDINERÍA ACUAPÓNICA

se hacía. La sobrecarga de información al principio me dejó la cabeza dando vueltas, pero a medida que empecé a tomar notas, me di cuenta de que a algunas personas les encanta hacer las cosas difíciles. La jardinería acuapónica estaba destinada a ser *simple*.

- A medida que avanzamos, espero que busque nuestras palabras clave en el glosario. Ahí es donde encontrarán toda la información extra de cada término. Piense en este libro como una especie de *Aquaponics for Dummies (Acuaponía para Dummies)*, con una enciclopedia disponible a medida que esté listo para obtener más información. ¡Incluyo enlaces para ayudarlo en cada paso del camino!

Ejerza todo el poder en el proceso. Decida el sistema que se ajusta a tu presupuesto y dónde lo pondrás. Decida sobre el tipo de peces que se almacenarán en tu agua. Empecé con el pez dorado, una fuente inagotable de placer para los niños. Usted decide si crecerá vertical u horizontalmente. Usted decide que cultivar.

Lo mejor de todo es que usted decide si esto es una afición, una forma de complementar sus armarios o una forma de complementar sus ingresos. Un mercado saludable para los micro verduras es una puerta de entrada para experimentar, para luego expandirse, y luego comercializar sus productos en los restaurantes locales. Las verduras de invierno directamente del jardín a la mesa están a su alcance. Comience con poco, crezca a medida que esté listo.

JARDINERÍA ACUAPÓNICA

JARDINERÍA ACUAPÓNICA

Resumen del capítulo

- La acuaponía cultiva peces para nutrir a los vegetales, y cultivando vegetales para limpiar el agua para los peces. Este es un acuerdo mutuamente beneficioso.

- La acuaponía es **sostenible**, una forma *verde* de vivir en armonía con la madre naturaleza.

- La acuaponía se adapta a cualquier situación de vida, desde cultivar una lechuga en tu apartamento hasta una empresa comercial que reemplace tu trabajo diario.

En el próximo capítulo, aprenderá las diferencias entre la hidroponía y la acuaponía. Al estar bien versado, puede embarcarse en su proyecto con plena confianza en su plan.

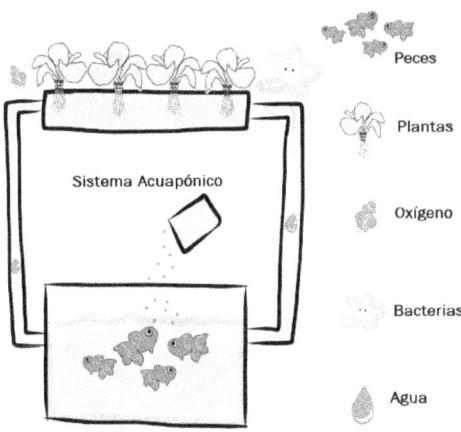

CAPÍTULO DOS

EL GRAN ENCUENTRO:

ACUAPÓNICA VS. JARDINERÍA HIDROPÓNICA

Se parecen mucho, ¿no? **¿Hidropónicos** y acuapónicos? Son similares en un sentido, pero muy diferentes en lo que cuenta. Hidroponía significa, literalmente, cultivado en agua. Si tomas las palabras acuicultura + hidroponía y las pones juntas, obtienes la acuapónica. Veamos los dos procesos con más detalle para ver por qué uno será mejor para ti que el otro.

Deshazte de la tierra. Ambos sistemas ofrecen el cultivo de un jardín sin tierra. Esto representa un enorme beneficio. El suelo se estanca después de años de cultivo, requiriendo mucho fertilizante y/o rotación de cultivos. El simple hecho de reemplazar el suelo durante las temporadas repetitivas de crecimiento en interiores se vuelve costoso. Además, el suelo se contamina fácilmente con esporas o plagas que ponen huevos, perpetuando todas las enfermedades de una temporada a la siguiente. Crecer en el suelo casi requiere un jardín exterior, y vivir en una zona climática con inviernos duros significa que solo se pueden cultivar las verduras la mitad del año. Ambos sistemas ofrecen el valor de crecer sin tierra.

En lugar de tierra, cultivará sus plantas en un bio sistema de bacterias beneficiosas especialmente cultivadas, y su propio círculo de vida sostendrá tanto a los peces como a las plantas. Este sustituto saludable de la suciedad es fácil de producir, y te preguntarás por qué nunca antes probaste la jardinería acuapónica.

Fertiliza el agua. Ambos sistemas requieren agua basada en nutrientes para el crecimiento de las plantas. La jardinería hidropónica emplea nutrientes químicos, lo que representa una sobrecarga constante. Puede obtener su medio de cultivo de cualquier número de proveedores, pero afrontémoslo: el incierto papel de los productos químicos en el cáncer y los defectos de nacimiento está generando titulares en todo el mundo. En la acuicultura, puedes cultivar vegetales *orgánicos* a través de fertilizantes naturales producidos por peces que nadan alrededor del tanque. *La ventaja es para la acuapónica.*

Diseña el espacio correcto. Ambos sistemas requieren de un piso liviano y lo suficientemente fuerte como para soportar un peso bastante grande. No tenía ni idea. Me imaginé un pequeño y dulce acuario con plantas encima, y me sorprendí al ver que un acuario de 20 galones de 225 libras. El suelo de hormigón en el sótano parecía inteligente, pero me enganchó la idea de un bonito pez dorado y tenía una ventana de 14 pies en el comedor, así que las básculas se convirtieron en mi enemigo.

- Calcule aproximadamente una pulgada de pescado por galón de agua. Si tengo un tanque de cincuenta galones, necesitará cincuenta peces dorados de una pulgada. A medida que crecen, ese número disminuye..

Mi investigación sugirió que necesitaba un tanque de 50 galones, así que tuve que ajustar mis límites de peso a 600 libras. Si el espacio y el peso son un problema para usted, la hidroponía *tiene la ventaja en este caso*.

Ambos sistemas afectarán sus facturas de servicios públicos. La diferencia entre ellos es que, en hidroponía, el agua puede no ser reciclada. En acuaponía, el agua debe ser reciclada para formular el rico medio de crecimiento para fertilizar las plantas. Una factura de agua elevada haría más barato comprar el producto en el mercado, lo que hace que la *acuapónica sea preferible*.

Ambos requieren un medio de crecimiento que sirva de anclaje para las plantas, ayude a regular la temperatura y proporcione una alimentación constante. En acuapónica, **el hidrógeno** es una forma popular hecha de arcilla, pero ver el capítulo cuatro para leer más sobre ese tema. Quería conseguir un producto que estuviera acostumbrado a usar, pero todos ellos estaban en la lista de los que no se aceptan: arena, vermiculita, musgo de turba, astillas de madera y perlita. En el lado positivo, esto representaba una compra única, y podía vivir con eso. No veo un valor fuerte de un sistema sobre el otro, porque ambos requieren una mezcla para sostener la planta.

Ambos sistemas requieren una inversión en la instalación del aparato. Un jardín hidropónico es más barato de iniciar si se emplea un sistema **de cultivo de mecha** o de agua. Ambos requieren un diseño más complejo para algunas instalaciones, y la hidroponía equivale al costo de la acuaponía cuando se agrega una bomba de sumidero y tuberías adicionales. La acuapónica requiere una inversión en peces, pero el costo será menor que el de comprar continuamente fertilizantes químicos para el agua. En este caso, *la ventaja es para acuapónica.*

Sin embargo, la curva de aprendizaje es definitivamente mayor para la jardinería acuapónica. Debido a que se trata de organismos vivos para crear el fertilizante para sus plantas, se necesita tiempo y experimentación para obtener la mezcla adecuada para el crecimiento ideal. Si usted requiere de gratificación instantánea, vaya con la hidroponía. Si te gustan los desafíos, los detalles y estás dispuesto a esperar los resultados, opta por la acuapónica. Para facilitar y aprender, *la ventaja es para la hidroponía.*

JARDINERÍA ACUAPÓNICA

JARDINERÍA ACUAPÓNICA

Resumen del capítulo

Si ha estado llevando la cuenta, ya sabe por qué la acuapónica es favorecida sobre la hidroponía por los granjeros y los supervivientes, así como por un número creciente de jardineros aficionados.

- La acuapónica es más barata que la hidropónica ya que recicla el uso del agua.

- La acuapónica es más barata que la hidropónica, ya que una inversión única de peces fertiliza las plantas durante años, frente a la compra de un suministro constante de fertilizantes químicos.

- La hidroponía es más fácil de aprender y manejar que la acuapónica.

En el próximo capítulo, aprenderá por qué la acuapónica es lo mejor desde el pan de molde. ¿Por qué los granjeros y los supervivientes de todo el mundo están locamente enamorados de la jardinería acuapónica?

JARDINERÍA ACUAPÓNICA

CAPÍTULO TRES

¿CUÁLES SON LOS BENEFICIOS DE LA JARDINERÍA ACUAPÓNICA?

Ya hemos discutido los beneficios obvios de la acuapónica sobre los sistemas de cultivo hidropónico. Tal vez todavía no esté convencido de que valga la pena el tiempo y la molestia de probarlo. ¡Siga leyendo!

Mi ventaja número uno para la jardinería acuapónica es que es 100% orgánica. Si tiene la esperanza de beneficiarse de su experimento, cultive vegetales con certificación orgánica. En los Estados Unidos, el crecimiento del mercado orgánico se ha multiplicado a más de $ 39 mil millones en ganancias reportadas. Descubrí que obtener un estado orgánico certificado era un proceso fácil y pude obtener la documentación en línea.

- Incluso si decide no estar registrado como orgánico, puede decirles a los compradores que su producto es *de cultivo orgánico*. Es una diferenciación sutil, pero que satisface a la mayoría de los consumidores.

¿Y si no quieres vender ninguno de tus productos? Aun así, es orgánico. Saber que usted y sus seres queridos comen alimentos **sin hormonas**, **productos químicos**, pesticidas u **organismos genéticamente modificados** (OGM) se mide con tranquilidad. Y admitámoslo, nada es más orgánico que el fertilizante de cosecha propia proporcionado mediante el riego de una pecera. Obviamente soy un defensor de la jardinería orgánica. Más allá de eso, estoy a favor de la comida segura. Recuerdos, la salmonela asusta, y el bioterrorismo deja de preocuparme cuando produzco mi propia comida.

Un segundo beneficio de la jardinería acuapónica es que necesita menos agua para cultivar sus alimentos. En un sistema cerrado de agua reutilizada, esto es un gran beneficio. En la jardinería normal de verano al aire libre, me paro y sostengo una manguera una hora al día. Parte de esa agua es absorbida por la atmósfera, otra parte se escurre, y toda ella cuesta dinero. No solo ahorrará dinero al no regar manualmente sus plantas, sino que su jardín hidropónico sostenible recicla el agua en su sistema. Los investigadores estiman que los jardines acuapónicos requieren un 90% menos de agua que sus contrapartes tradicionales.

Un tercer beneficio es la capacidad de extender la temporada de cultivo. Vivo en una zona templada con veranos calurosos e inviernos fríos y helados. Puedo extender mis cultivos de lechuga con un túnel **alto**, pero obviamente eso es caro y mucho trabajo. El plástico debe ser reemplazado cada dos años. Un plástico barato no filtra los rayos ultravioletas, así que hay unos cuantos dólares más cuando se trata de calidad. Todavía tengo que utilizar cubiertas de filas a principios de la primavera y a finales del otoño. Algunos inviernos pierdo mi cosecha por completo. Las tormentas de granizo y los vientos fuertes causan estragos en mi sistema. Trasladar el cultivo de invierno en interiores a un sistema sostenible fue enorme para mí.

Un cuarto beneficio fue la versatilidad de la jardinería acuapónica. Eliminó todas las preocupaciones sobre dónde y cuándo elegí hacer un jardín. Podía armar un sistema en mi patio trasero, sótano o sala de estar dependiendo de las circunstancias individuales. Incluso si vives en un área con largos inviernos o condiciones desérticas, puedes tener un jardín.

Un quinto beneficio fue lo fácil que fue mantener mi huerto. Era de cintura para arriba, así que no experimenté ningún tirón de hierba que me rompiera la espalda. De hecho, ya no tenía que arrancar las malas hierbas.

Un sexto beneficio fue poder racionalizar mis esfuerzos. Como usted, mi vida fue y sigue siendo una perfecta tormenta de actividad a veces. Ser capaz de instituir un sistema de cuatro a seis veces más productivo por pie cuadrado fue una gran consideración. Podía plantar densamente mis plantas de semillero mucho más juntas, pudiendo plantar el doble de plantas de semillero en el mismo espacio que antes. Añada a esto el hecho de que la época de cosecha llegó antes, ya que las plantas crecieron más rápido con el riego y el fertilizante constantes. Me gustaba trabajar de manera más inteligente, no más difícil.

Un séptimo beneficio fue la oportunidad de hacer crecer mi empresa. La jardinería acuática es escalable, lo que significa que puedes empezar con un acuario de diez galones de peces de colores y puedes expandir tu tamaño a voluntad. Utiliza la misma mecánica y amplía o reduce tu empresa según tu propio horario y necesidades de jardinería.

Y, por último, pero no menos importante, un octavo beneficio de la jardinería acuapónica reside en el potencial de poder comer mi fuente de fertilizante. Es cierto que me enamoré de inmediato de la idea de cultivar peces de colores, pero pronto vi la sabiduría de actualizarme a un sistema de cultivo de tilapia. ¡Qué rico! La acuicultura adquirió un nuevo significado cuando pude cultivar dos cosechas con un solo esfuerzo.

En retrospectiva, encontré muchas razones para embarcarme en esta búsqueda de aprender e implementar la acuapónica. Si estás de acuerdo, es hora de ir a los detalles.

JARDINERÍA ACUAPÓNICA

JARDINERÍA ACUAPÓNICA

Resumen del capítulo

¿Busca los beneficios de la jardinería acuapónica?

- Jardinería orgánica en su máxima expresión
- Menor consumo de agua
- Temporada de crecimiento más largos
- Disminución en las facturas de agua
- Aplicación generalizada
- Menos trabajo
- Aumento de la productividad
- Empresa escalable
- Más cenas de pescado

En el próximo capítulo aprenderá los tipos básicos de sistemas de jardinería acuapónica.

JARDINERÍA ACUAPÓNICA

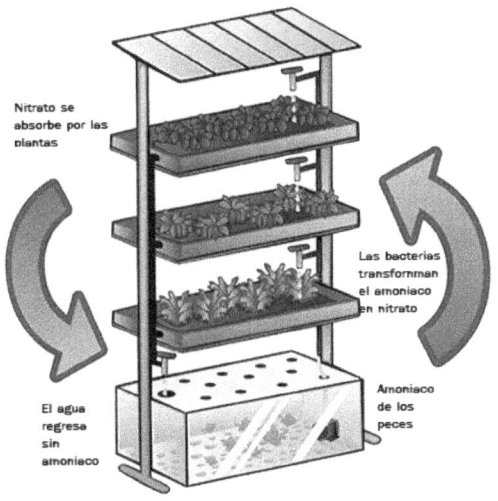

PARTE II

SÚBASE LAS MANGAS, VAMOS A LO BÁSICO

JARDINERÍA ACUAPÓNICA

CAPÍTULO CUATRO

TIPOS DE SISTEMAS ACUAPÓNICOS

Aunque este es el sistema más intensivo de cultivo y suministro de alimentos en el planeta, requiere algunos conocimientos especiales. Usted combinará un sistema hidropónico (basado en el agua) con un sistema de acuicultura (basado en los animales), y debe elegir el diseño que mejor se adapte a sus necesidades. Debe conocer los requisitos de vida de tres tipos diferentes de organismos: plantas, peces y bacterias. Finalmente, necesita construir y conectar un sistema que regule el agua para obtener factores de crecimiento óptimos. Eso puede parecer mucho, pero no se asuste. Revisaremos estos problemas uno por uno.

La popularidad de la jardinería acuapónica está en aumento, y a medida que avance en este capítulo, busque comunidades en línea y grupos de apoyo que puedan ofrecerle experiencia adicional de primera mano para su ubicación. Está entrando en un fenómeno mundial y no hay necesidad de reinventar la rueda. Es posible que pueda visitar varios jardines; comparando y contrastando las características que le gusten.

Si desea probar la jardinería acuapónica, su primera decisión debe ser elegir el tipo de sistema que desea utilizar. El experimento más simple sería usar un estanque donde las plantas flotan en la superficie con raíces sumergidas. Por supuesto, la mayoría de nosotros no tenemos estanques y estamos inmediatamente buscando un sistema más sofisticado.

Cada sistema acuapónico debe incluir cinco elementos básicos:

- una pecera
- un lecho de plantas
- un medio para manejar los residuos sólidos
- un **biofiltro**
- bombas para la circulación y la aireación del agua

Y estos son solo los requisitos más básicos. Si eres como yo, querrás unas cuantas campanas y silbatos más, porque, ¿de qué sirve poner todo el esfuerzo, solo para que te encuentres con el fracaso porque decidiste irte por los huesos? Para empezar, veamos los tipos de jardines y luego volvamos a estos cinco temas con un poco más de información básica.

JARDINERÍA ACUAPÓNICA

Primero, observe las limitaciones de espacio, el costo y la facilidad de mantenimiento. Para ayudarlo a reducir sus opciones, describo las opciones mediante tres clasificaciones: cultivar un tazón de lechuga, cultivar un plato de verduras y empresas comerciales. Aunque muchos veranos me encontraron vendiendo productos en un mercado local, no estaba convencido de querer implementar un jardín acuapónico a esa gran escala, pero de todos modos quería mirar todas las opciones, como lo hará usted.

Si está cultivando un tazón de lechuga, **una técnica de película de nutrientes** (NFT) es su mejor opción. Todavía no te atasques en cómo construir uno, pero necesita suficientes detalles para tomar una decisión informada. Esto es perfecto para plantas pequeñas con raíces poco profundas. Los micro verdes, todos los tipos de lechuga, fresas y hierbas entran en esta categoría.

La NFT es ideal para una empresa de bricolaje. Básicamente, configurará su pecera con una pequeña bomba de sumidero que hace funcionar el agua de pescado a través de una tubería de PVC con agujeros perforados, y luego inserte las plántulas en una pequeña red unida a cada agujero. La red ofrece a tus plantas una estructura y evita que caigan al fondo de la pecera. Sus plantas extenderán sus raíces hacia el agua cargada de nutrientes, absorbiendo los nutrientes de la misma manera que una toalla de papel absorbe la humedad en la encimera de una cocina. Un elemento clave es crear un sistema con un goteo de flujo de agua consistente, en lugar de un charco estancado de agua húmeda y maloliente. Estos tubos sustituyen a las tradicionales bandejas de cultivo que dominan los centros de jardinería cada primavera.

Su sistema de NFT puede ser tan grande o pequeño como usted quiera, tan sofisticado o simple como su presupuesto lo exija. Grandes hojas de espuma de poliestireno funcionarán tan bien como los agujeros perforados en los tubos de PVC. Cubriremos la construcción real en el próximo capítulo, pero usted debe factorizar los principios básicos en su elección de montaje.

Otra forma sencilla de regar una lámina de nutrientes es un sistema de **flujo y reflujo de inundar** el lecho de cultivo, y luego dejar que se drene de nuevo en la pecera. Las raíces se saturan con el agua rica en nutrientes y se exponen a ella durante un período de tiempo más largo, en contraste con el método de goteo de filtrar el agua y alimentar constantemente con pequeñas cantidades a los productos. Requiere la proximidad varias veces al día o un temporizador para regular el riego constante.

Una característica clave de un jardín alimentado con una lámina de nutrientes es la creación de un lecho de medio de crecimiento en el que el agua se hace perfecta tanto para los peces como para las plantas. Debe atravesar los medios de crecimiento en su camino hacia las plantas, y

JARDINERÍA ACUAPÓNICA

luego volver a los peces después de que las plantas hayan hecho su magia.

Un cultivo de **aguas profundas** (DWC) ha sido valioso a lo largo de la historia. Los primeros aztecas (alrededor del 1000 A.C.) crearon balsas y cultivaron plantas que descansaban en sus superficies, con raíces colgando en el agua. Circulaban el agua y los desechos alrededor de las balsas para fertilizar sus cultivos. Algunas culturas asiáticas utilizaron estanques y fuentes naturales de agua para cultivar sus alimentos, y también crearon jardines flotantes. Funcionó especialmente para cultivar arroz.

Sin embargo, no necesita vivir junto a un estanque o lago. Puede realizar la misma técnica con tanques para retener el agua. Esta es tal vez la forma más simple y menos costosa de la jardinería acuapónica. Sus plantas pueden descansar en la superficie del tanque, las raíces completamente sumergidas en el agua. Todavía tiene la opción de insertar canales y bombear el agua a través de dos tanques, pero ciertamente puedes empezar de a poco y aumentar su nivel de complejidad con la experiencia.

Obviamente, todavía necesitará una pecera para que sirva de hogar para sus invitados de honor. Es posible que todavía necesite un **biofiltro** para transformar los residuos de los peces en nutrientes para sus plantas. Probablemente desee un filtro para eliminar los desechos sólidos o el material vegetal de infiltrarse u obstruir su sistema. Si instala canales, necesitará una

JARDINERÍA ACUAPÓNICA

bomba para forzar el agua a través de su sistema para garantizar que el agua se recircula. Al igual que con todas las peceras, necesitará un aireador para mantener un alto nivel de oxígeno para su entorno.

Esto es escalable, lo que significa que puedes usar un acuario, un tanque de reserva o tinas de plástico. Solo necesita mantener las proporciones correctas de volumen, peces y plantas para lograr los resultados deseados. He dividido los requisitos de mantenimiento de tu empresa de la mecánica de la instalación para que tus ojos no se vidriaran con una sobrecarga de información. Se lo prometo: no es difícil y puede hacerlo. Por ahora, solo decidan cómo quieren cultivar sus plantas.

Un **sistema basado en los medios de comunicación** es la opción que elegir si quieres cultivar plantas más grandes como tomates, calabacines y otros artículos para tu plato de verduras. Funcionará más como su jardín tradicional, ya que las plantas crecerán en pequeñas piedras que reemplazarán el suelo. En un jardín acuapónico basado en medios, incorporará un proceso de cinco pasos:

1. Elija una pecera. Puede reutilizar una vieja bañera en el sótano con luces de crecimiento o tener un acuario junto a una ventana, pero, antes que nada, necesita un lugar para los peces. Los peces comen comida y producen desechos.

JARDINERÍA ACUAPÓNICA

2. La mayoría de los acuarios necesitan pequeñas bombas para airear el agua. También instalará una pequeña bomba de sumidero para reciclar los residuos de agua a sus plantas.

3. Su contenedor de jardinería, idealmente de unas doce pulgadas de profundidad, albergará el medio de cultivo. Necesitará comprar algún tipo de **LECA** (Agregado de Arcilla Expandida Grande), un producto similar a los guijarros **de hidrógeno**, que proporcionará una placa de Petri para cultivar bacterias de los desechos de tus peces. Aquí es donde ocurre la magia. Las bacterias convierten los desechos de los peces cargados de amoníaco en fertilizante, un nitrato que sus plantas usarán para crecer. Estás creando un biofiltro sostenible y tu propio mini **ciclo de nitrógeno**.

4. Sus plantas absorberán los nitratos y, en el proceso, purificarán el agua.

5. El agua limpia es desviada de vuelta a los peces.

Su última consideración en el diseño de su configuración es decidir cómo y dónde van a cultivar sus plantas. ¿Esto va a estar en el patio trasero? Por supuesto, su clima y sus objetivos dictan la respuesta a esta pregunta, pero tiene un impacto en el tipo de sistema que está creando. ¿Estará en un túnel alto? ¿Será en interiores con luz natural? ¿Descansará en el sótano con luces de crecimiento? ¿Cultivará plantas verticalmente? Un jardín vertical funciona especialmente bien en apartamentos con espacio limitado y para el artista que quiere crear no solo un jardín, sino una obra de arte.

Todas estas preguntas figuran en su elección de diseño, y deben ser sopesadas. Recomiendo mirar las imágenes a lo largo del libro, leer cada uno de los capítulos que describen cómo se construyen los sistemas, y luego siéntese con un bloc y un papel. Imagine sus necesidades y esperanzas, esbozar un plan.

Aunque tenemos un túnel alto, opté por la construcción en interiores. En nuestros fríos inviernos, el túnel alto extiende la temporada de cultivo, pero cuando llega la primera helada, todas las plantas se quedan dormidas. Solo se pueden cosechar las plantas maduras, y luego, solo por la tarde cuando las plantas se levantan y se alejan de la helada. Instalar un jardín acuapónico en mi túnel alto no proporcionaría el tipo de vegetales frescos que yo quería.

Como tengo un comedor con mucha exposición al sur y ventanas de piso a techo, opté por un sistema interior sin luces de crecimiento. También quería mantenerlo simple, así que decidí usar bolitas de hidrógeno en pequeñas macetas de plástico.

Si tiene dudas sobre la situación de la iluminación, siempre puedes encontrar un medidor de intensidad de luz y probar el área que quiere usar para su jardín. Después de poner mucho tiempo, esfuerzo y algún gasto en la creación de su jardín acuapónico, ciertamente no querrá descubrir que eligió un rincón oscuro donde no crecerá nada.

¿Usted sabe cómo trabajar a través del proceso de toma de decisiones? Tómese un momento ahora mismo para responder a las preguntas que le haga su amigo o compañero, y tenga su propia idea de hacia dónde se dirige. Es ese paso de imaginar el jardín que precede a la construcción y plantación de cualquier jardín.

JARDINERÍA ACUAPÓNICA

Resumen del capítulo

Decidir el tipo de jardín acuapónico que desea instalar no es difícil una vez que mira todas las opciones.

- Un sistema alimentado por nutrientes es quizás la unidad más fácil de diseñar y operar con éxito. Incluye opciones de riego consistente a través de un sistema de goteo o de inundación periódica con un sistema de flujo y reflujo.

- Un cultivo en aguas profundas requiere más planificación y preparación, pero puede ser muy económico. Su funcionamiento requiere desarrollar una sensación para el perfecto ducto acuático, crearlo haciendo correr el agua a través de un lecho de medios, y luego dejar que las raíces de los vegetales se queden en el agua constantemente.

- Un campo de medio de crecimiento requiere el mayor gasto y ocupa el mayor espacio. Se asemeja mucho a los jardines que puedes haber cultivado en su patio trasero, el suelo siendo reemplazado por el medio de crecimiento. Cada vegetal se planta en un lecho de guijarros.

En los próximos capítulos aprenderá cómo construir su jardín acuapónico. Le daré todos los detalles requeridos en cuatro tipos de jardines, y le recomiendo que lea cada uno de los capítulos antes de decidirse por una idea sobre otra. Una vez que tenga una idea básica de lo que implica cada tipo de jardín será más fácil elegir uno. ¡Entremos por la puerta del jardín!

JARDINERÍA ACUAPÓNICA

JARDINERÍA ACUAPÓNICA

CAPÍTULO CINCO

ESTABLECIENDO SU JARDÍN ACUAPÓNICO

Si le gusta un gran hallazgo

Acuapónico es un paraíso del bricolaje, así que, si tienes esa mentalidad, le va a encantar este capítulo. Si no lo es, no se preocupe. Cubriré todas las formas en las que puede hacer esto y, tenga la seguridad de que uno le atraerá y trabajará en sus circunstancias.

La forma más básica y fácil de empezar es comprar un kit, pero algunos de ustedes van a querer armar un sistema a partir de componentes reutilizados, y otros van a diseñar un aparato del tipo de la Quinta Avenida. Cualquier tipo de receptáculo funcionará siempre y cuando cumpla con estos requisitos: Debe ser lo suficientemente fuerte para contener el agua *y soportar* el medio de crecimiento desde el principio. Debe estar hecho de material de grado alimenticio, seguro para los peces y plantas y las bacterias. Necesitará ser capaz de conectarlo a otras partes con suministros de plomería fáciles de obtener de una ferretería local. También, puede que necesite usar un revestimiento para el estanque si no es impermeable por naturaleza.

Ahora bien, su sistema no tiene por qué ser caro desde el principio, pero llevará tiempo: tiempo para construirlo, tiempo para almacenarlo y tiempo para desarrollar el entorno adecuado para apoyar el crecimiento. ¿Cuánto vale su tiempo? Personalmente, si vive con un Sr. Manitas que le encantaría hincarle el diente a este proyecto, harán un buen equipo.

Comience eligiendo su sitio con cuidado. Luego comience a iniciar su sistema. Decida cuántos peces quieres tener y cuántas plantas quiere cultivar. Cuenta el costo. No se olvide de agregar en el tanque, camas, medios, plomería, luces, bomba y aireador, peces, semillas o plántulas, equipo de prueba, alimento para peces, energía y agua. Estos son elementos básicos. Claro, si irrigamos los lechos y los canales erguidos, podríamos arreglarnos sin una bomba de sumidero, pero ¿qué tan diligente soy? ¿Ve lo que quiero decir?

Escenario número uno: El granjero del bricolaje

Así que eres un aficionado de bricolaje. Puedo verte a una milla de distancia y admirar su ingenio. Pero seamos sinceros: no eres solo un aficionado al bricolaje. Le gusta buscar sus materiales y seguir su propio camino. Puede ahorrar una cantidad significativa de dinero utilizando lo que tiene o encontrando lo que necesita en tiendas de segunda mano y depósitos de chatarra. Invertirá más de usted mismo y menos de su efectivo, y su nuevo mundo será su bebé. No hay nada de malo en eso.

Comencemos con algunas de sus consideraciones básicas y cómo podría elegir para construir su sistema. Los tanques sin costuras durarán más que los que tienen costuras. Los tanques de acrílico tendrán menos tendencia a tener fugas y si, Dios no lo quiera, deberá cambiar su configuración, también son menos frágiles. Es posible que desee reutilizar una bañera vieja o que desee lograr un hermoso sistema que muestre la última tecnología.

Mire todos los componentes básicos en los sistemas que investiga. Algunos requieren cambiar los cartuchos, y ese será un elemento adicional para monitorear y mantener el suministro. Como es práctico, solo consigue una bomba que pueda reparar si se avería o si el motor se apaga. Puede reducir significativamente los costos si puede extender su vida útil. Si planea cosechar peces y cosechas, necesitará tanques para fines de reproducción. Dibuje un plan y asegúrese de tener todos los componentes cubiertos.

Cree que está listo para comenzar a construir, pero sostenga sus caballos. Pensar y repensar cada detalle. ¿De qué forma es su tanque? Muchos sugieren que un tanque redondo proporciona una mejor circulación del agua y se quejan de que un tanque cuadrado o rectangular deja más residuos sólidos que deben ser limpiados regularmente. Si eres del tipo artístico, recuerda que todas esas curvas y ángulos representan espacios muertos que disminuirán la eficiencia de tu sistema.

A medida que refine sus planes y esboza su diseño, deberá comenzar su lista de compras. Esto representa tus necesidades más básicas para un sistema simple.

1. Encuentre o compre su pecera. Esta es su pecera de fondo. Asegúrese de que sea lo suficientemente grande para tus necesidades de agua, pero también lo suficientemente resistente para soportar el tanque de plantas, dependiendo de tu diseño. Personalmente, estoy pensando sobre un nuevo sistema exterior para el verano con una bañera con patas, pero eso puede ser un cambio más grande de lo que estoy dispuesto a invertir. Si guarda esto en el sótano con luces de cultivo, no tiene que ser decorativo. Si está creando una obra maestra visual, aún puede buscar su tanque, pero le costará un poco más.

2. Solicite un kit de prueba de pH.

3. Encuentre o compre el tanque de cultivo. Este necesita descansar sobre su pecera. Puede usar dos recipientes que se apoyan uno sobre el otro, o crear un soporte para sostener el tanque

superior. Tenga en cuenta que puede descansar directamente sobre su pecera, o pararse al lado de la pecera, pero como la gravedad es una ley del universo, necesita un lugar de descanso *sobre el* primer tanque.

4. Ordene su medio de cultivo. Como principiante, le recomiendo que utilice hidrótomo o alguna otra versión de **piedras LECA** para su base de medios. Al crear su pequeño universo, un ecosistema vivo, muchas cosas pueden salir mal, matando a tus peces y luego a sus plantas. Recomiendo encarecidamente que te quedes con lo probado y verdadero en su primera ronda.

5. Necesita comprar una **bomba de aireación** para la pecera. Recuerde que sus peces necesitan oxígeno.

6. Necesita comprar una pequeña **bomba de sumidero** para mover el agua. He entrado en muchos detalles en el glosario, porque esta es la clave de su nuevo ecosistema. Si no hace circular el agua, su medio de cultivo no florece con bacterias, su amoníaco nunca se descompone, y sus plantas terminan viviendo en un árido páramo sin fertilizante. Necesita una bomba de sumidero fiable.

7. Tubos para hacer circular el agua mientras se bombea.

8. Grava. Espere comprar 2,5 libras por cada cinco galones de agua.

9. Un taladro con tres tamaños diferentes de brocas: ½", ¼", y 3/16".

10. Cinta eléctrica

11. Tijeras

12. Tornillos, tuercas y pernos, y arandelas para conectar algunos tipos de piezas.

13. Peces

14. Espuma de poliestireno para una plataforma de crecimiento sobre la que descansan sus plantas. (El rafting es el sistema más fácil y sencillo. Cubriré los canales en la siguiente sección para el ingeniero de bricolaje.

15. Crecen las luces para tomar el lugar de la luz del sol de la Madre Naturaleza. Puede que piense que puede escatimar en esto. No lo haga. **Las luces de crecimiento** representan uno de los tres componentes básicos de la fotosíntesis. Sus plantas necesitan mucha luz solar, ya sea de la

JARDINERÍA ACUAPÓNICA

Madre Naturaleza o de su amigo que construye el jardín acuapónico.

16. Plantas

Cuando haya investigado y comprado su lista, estará listo para el montaje. Espero que sea una persona de palabras, porque voy a describir lo que está haciendo. Sé que muchos de ustedes dirán, "¡Pero necesito una foto!" Aquí está el problema con esa mentalidad. Una foto es una gran guía para comparar su configuración final, y le daré algunos enlaces para que los veas, pero quieres entender *su* sistema por dentro y por fuera. Eso requiere digerir las palabras y saber *por qué se juntan* las cosas de una manera particular.

Lea mis instrucciones antes de que le ponga demasiado ansioso y busque una foto. Recuerde que está invirtiendo tiempo y dinero en este esfuerzo, y necesita entender cómo se supone que funciona cada parte del ensamblaje para poder solucionar los problemas. Hay varias opciones básicas disponibles para todos ustedes, los granjeros, y voy a describir solo una o dos antes de darles los enlaces.

1. Prepare su pecera. Si su pecera no está en el suelo, necesita una base sólida. Si usa una caja de madera, coloque un revestimiento duradero para el estanque. El suelo de mi pecera es de madera, así que quería una alfombra y un revestimiento de plástico debajo. Mi experiencia demuestra que

el agua salpica y, como sugiere la ley de Murphy: "cualquier cosa que pueda salir mal saldrá mal", advirtiendo la seguridad.

2. Lave la grava y cubra el fondo del tanque.

3. Inserte su bomba de sumidero con la manguera elevándose por encima del nivel del agua. La cantidad de manguera que necesita depende de dónde vive su lecho de cultivo. Si está justo encima del acuario necesitas menos. Si tiene un sistema adyacente al acuario, necesita más. Tenga una cantidad amplia de manguera.

4. Llene su pecera con el nivel de agua deseado.

5. Coloque su aireador si no es sumergible, o agréguelo al fondo si está destinado a estar dentro del tanque

6. Mida la temperatura del agua y el nivel de pH. Recomiendo usar un cuaderno de espiral con columnas dibujadas para registrar sus lecturas diarias. Es útil desde el principio para seguir su progreso. Deje espacio al lado de cada línea para anotar los cambios que ha hecho para que pueda hacer correlaciones y sacar conclusiones correctas sobre cómo su sistema se ve afectado por cada cambio.

JARDINERÍA ACUAPÓNICA

7. Dale la bienvenida a su pez. Al principio, esperen tener un pez por planta por cada 10 galones de agua. A medida que su sistema se vuelve más eficiente, puede expandirse y jugar con estos números. Como lo demuestra mi experiencia, puede comenzar con un sistema pequeño, y luego expandirse a otro sistema para el aire libre, y un tercero con luces de crecimiento en el sótano.

8. Coloque su lecho de cultivo por encima de la altura del tanque. La estructura más simple será una capa de espuma de poliestireno que descansa sobre el tanque. Perfore agujeros para liberar el agua de nuevo en la pecera. Puede que prefieras una base secundaria con tu lecho de jardín al lado del acuario. Creo que se ve bien y es más fácil alimentar y tratar con los peces cuando la superficie del acuario no está oscurecida por tu balsa de plantas.

9. Averigüe cómo, dónde o si necesita instalar **luces de crecimiento**. No se arriesgue con esto. Puede que tenga una iluminación adecuada, pero si no la tienes, va a perder un mes o más de esfuerzo en averiguarlo, evidenciado por el fracaso del crecimiento de la planta. En ese momento, se rascará la cabeza e intentará descubrir cómo improvisar algo que funcione.

JARDINERÍA ACUAPÓNICA

Mi mejor consejo es planificarlo desde el principio.

10. Independientemente del tipo de recipiente en el que cultive sus plantas, llénelo con los gránulos de LECA empapados o Hidrotón. Permita que todas las piedras se asienten en la base sin flotar hacia la superficie. No querrás atascar tu bomba con las piedrecitas que son absorbidas por la manguera, quedando atascadas en un mecanismo delicado.

11. Decida cómo va a cultivar sus plantas. Puede hacer agujeros en la espuma de poliestireno y dejar que las raíces cuelguen directamente en el agua, pero necesitará pequeñas redes de cultivo para sostener las raíces y ofrecer estructura. También podría cortar agujeros en macetas de plástico, apoyándolos en la base acuosa. Personalmente, estoy a favor de las macetas. Al principio tenía especial recelo de perder plantas pequeñas en el acuario o de que las piedras se deslizaran por los agujeros. Vengo de una larga línea de granjeros de tierra, así que quería un método que imitara el proceso que siempre he usado.

12. Añada sus semillas o plantas. Para su viaje inaugural, le recomiendo que empiece con un vivero. Lave la tierra de las raíces y plántelas.

JARDINERÍA ACUAPÓNICA

Ahora, ¿está listo para algunas fotos? Aquí hay algunos montajes creados por supervivientes y granjeros y los enumeraré en el orden de mi preferencia. Creo que verá que con un poco de imaginación y *al comprender* los pasos anteriores, puede combinar elementos de cada uno en algo único para usted.

Olvide que esta foto no tiene peces. Demuestre la técnica de rafting con espuma sintética de una pequeña instalación acuática interior. Me gusta particularmente el flujo gravitacional de esta aplicación de sótano, completa con una luz de crecimiento. Observe cómo este sistema de apilamiento utiliza menos espacio en el piso, útil si vive en una casa o departamento pequeño. ¡Mire este elegante modelo! Las antigüedades ofrecen un cierto estilo, pero me gusta cultivar más vegetales que esto... ¡pero me encanta ese aspecto! Creo que le está haciendo una idea de lo simple y económica que puede ser la jardinería acuapónica, pero ¿qué pasa si quiere un sistema más sofisticado?

JARDINERÍA ACUAPÓNICA

Resumen del capítulo

A los supervivientes, los preparadores, los minimalistas y los viejos granjeros les encanta improvisar un sistema en una moneda de diez centavos. También lo hacen las amas de casa con mentalidad económica y la gente que ama el sentimiento de un sistema simple.

- El uso de suministros reutilizables le permite poner más dinero en los peces y menos en la estructura.

- Si lo construye desde cero, sabrá cómo mantener o reparar las piezas que más tarde demanden su atención.

- Cuanto más inesperado sea su diseño, más amigos y familiares se entusiasmarán con él.

En el siguiente capítulo, aprenderá lo que los nerds de entre nosotros aman los diseños más técnicos y detallados.

JARDINERÍA ACUAPÓNICA

JARDINERÍA ACUAPÓNICA

CAPÍTULO SEIS

ESTABLECIENDO SU JARDÍN ACUAPÓNICO DE TECNOLOGÍA AVANZADA

Si se obsesiona con el diseño

Algunos de ustedes tienen mentes de ingenieros. Sueñan en grande, y no los culpo. Yo mismo estoy a favor de un sistema más adaptado, porque creo que aumenta la eficiencia y demuestra lo valiosa que es la jardinería acuapónica. Ya que esto no es un esfuerzo barato, discútanlo y vean lo que pueden pagar, dónde pueden reducir los costos, y cómo pueden racionalizar el proceso.

Una mente de ingeniero trabaja con precisión. Le gustan los hechos y las cifras. Siempre tienes un plano en su lugar antes de empezar a construir algo. ¿Le suena esto familiar? Eres un ingeniero o estás casado con una, y este capítulo es para ti. A un ingeniero le gustan todos los detalles esenciales, y esa atención a los detalles es lo que hará de su jardín una maravilla.

1. Encuentre o compre su pecera. Esta es su pecera de fondo. Asegúrese de que sea lo suficientemente grande para sus necesidades de agua, pero también lo suficientemente resistente como para soportar el tanque de la planta, según su diseño. Si está escondiendo esto en el sótano con luces de crecimiento, no tiene que ser decorativo. Si está creando una obra maestra visual, pague por un tanque que refleje su personalidad. Pagará un poco más, pero le encantará.

2. Solicite un kit de prueba de pH.

3. Encuentre o compre el tanque de cultivo. Esto debe descansar sobre su pecera. Puede usar dos contenedores que descansan uno sobre el otro, o crear un soporte para sostener el tanque superior. Todos los ingenieros saben que la gravedad es una ley del universo, por lo que el lecho de cultivo necesita un lugar de descanso sobre el primer tanque.

4. Ordene su medio de cultivo. Como principiante, le recomiendo que utilice hidrótomo o alguna otra versión de **piedras LECA** para tu cama de medios. Al crear su propio pequeño universo, un

JARDINERÍA ACUAPÓNICA

ecosistema viviente, muchas cosas pueden salir mal, matando a tus peces y luego a tus plantas. Recomiendo encarecidamente que se quede con lo probado y verdadero en su primera ronda.

5. Necesita comprar una **bomba de aireación** para la pecera. Recuerda que tus peces necesitan oxígeno.

6. Necesita comprar una pequeña **bomba de sumidero** para mover el agua. He entrado en muchos detalles en el glosario, porque esta es la clave de su nuevo ecosistema. Si no circula el agua, su medio de cultivo no florece con bacterias, su amoníaco nunca se descompone y sus plantas terminan viviendo en un páramo árido sin fertilizante. Necesita una bomba de sumidero confiable.

7. Tubos para hacer circular el agua mientras se bombea.

8. Tubo de PVC, la longitud determinada por el ancho y la altura del proyecto.

9. Grava. Espere comprar 2,5 libras por cada cinco galones de agua.

10. Un taladro con tres tamaños diferentes de brocas: ½", ¼", y 3/16".

JARDINERÍA ACUAPÓNICA

11. Cinta eléctrica

12. Tijeras

13. Peces

14. Los recipientes de siembra para cultivar vegetales, semillas y / o plantas.

Muchos de los suministros básicos siguen siendo los mismos que para los granjeros, pero lo que se hace con ellos es tan diferente como los burros y las cebras. Vas a crear un sistema maravilloso.

El Jardín Acuapónico de bricolaje del Ingeniero "Hágalo usted mismo".

Algunos de los componentes básicos seguirán siendo los mismos. Para aquellos que pasaron por alto las instrucciones detalladas del granjero, sabiendo de inmediato que querían un sistema más tecnológico, vamos a hacerlo.

1. Prepare su pecera. Si su pecera no está en el suelo, necesita una base sólida. Si usa una caja de madera, coloque un revestimiento duradero para el estanque. Recomiendo el plástico en lugar de un acuario de vidrio, simplemente por el peso. Esta es la cuestión: en algún momento dirás, "Creo que necesita ser desplazado solo dos pulgadas a la izquierda". Un acuario de cristal es

pesado y propenso a romperse cuando se deja caer. Confía en mí en esto.

2. Lave la grava y cubra el fondo del tanque.

3. Instale tubos de PVC para llevar el agua al lecho o lechos de la planta, y perfore agujeros o agua para entrar en él a varios niveles. Asegúrese de que sea lo suficientemente largo como para adherirse al medio de cultivo, de modo que se inyecte agua en las piedras de LECA.

4. Inserte su bomba de sumidero cerca del tubo de PVC. Algunos llegan a poner la manguera directamente en él, pero no recomiendo hacerlo. Quieres más un chorro de agua que fluya constantemente que un río que atraviese tu sistema. Desea más un goteo de agua que fluye constantemente que un río que atraviesa su sistema. Deles a sus bacterias un clima saludable y no las lave. Un **sistema de absorción** no funcionará para una maravilla de ingeniería como esta.

5. Llene tu acuario con el nivel de agua deseado.

6. Conecte su aireador si no es sumergible, o añádalo al fondo si está destinado a estar dentro del tanque.

7. Mida la temperatura del agua y el nivel de pH. Recomiendo usar un cuaderno espiral con columnas dibujadas para registrar sus lecturas diarias. Es útil al principio para seguir su progreso. Deje espacio al lado de cada línea para anotar los cambios que ha hecho para que pueda hacer correlaciones y sacar conclusiones correctas sobre cómo su sistema se ve afectado por cada cambio. Su mente analítica se maravillará con todos estos detalles y cómo cada uno de ellos afecta a los demás. Debería estar en su gloria aquí.

8. Dale la bienvenida a su pez. Recién comenzados, esperen tener un pez por planta por cada 10 galones de agua. A medida que su sistema se vuelve más eficiente, puede expandirse y jugar con estos números.

9. Coloque su lecho de cultivo por encima de la altura del tanque. Su primera tubería de PVC debe estar unida al lecho de cultivo, y necesitará una segunda tubería que devuelva el agua al acuario. Replicará este paso si instala más de un lecho de cultivo.

10. Averigüe cómo, dónde o si necesita instalar **luces de crecimiento**. Este es el nirvana de un ingeniero. Recuerde que este tipo de luz genera calor que afectará la temperatura del agua, el

cultivo de bacterias y el crecimiento de las plantas. Busque un modelo de ahorro de energía.

11. Independientemente del tipo de recipiente en el que cultive sus plantas, llénelo con las piedras de LECA empapados o Hidrotón. Deje tiempo para que todos las piedras se asienten en la base sin flotar a la superficie. No desea obstruir su bomba con piedras que son succionadas por la manguera y quedan alojadas en un mecanismo delicado. Tómese su tiempo en este paso para evaluar su agua y tenerla lista para recibir sus plantas. La precipitación puede dar lugar a plantas que no prosperan.

12. Averigüe cuál es el mejor alojamiento para sus plantas. Su objetivo es echar raíces en la película de nutrientes. Hay múltiples maneras de lograr este objetivo, pero yo estoy a favor de conectar un accesorio de 2-3 o 4 vías al tubo ascendente, y luego correr tramos de tubo de PVC a través de la parte superior del tanque. Perfore agujeros en los tubos y asegurar las redes. Use otro conector múltiple para llevar las filas de plantas al tubo de PVC descendente. Ahora, este es un sistema por el que cada corazón de la ingeniería se estremecerá. Está limpio. Se ve bien. Es eficiente.

JARDINERÍA ACUAPÓNICA

13. Añada plantas obtenidas de un vivero local o cultivadas en el alféizar de tu ventana. Lave la suciedad de las raíces y colóquelas suavemente en las redes.

¿Estás listo para las fotos? Aquí está una de mis favoritas, una serie de canales con mucho espacio para las plantas, un diseño aerodinámico, y la comodidad en su núcleo. Observe la forma en que puede expandir su sistema a medida que aprende el proceso. Esta aplicación comercial no tiene que ser tan masiva. Podría lograr lo mismo a una escala más moderada. La clave en todas estas ilustraciones está en maximizar su espacio de jardinería, mientras que la mente de la ingeniería hace lo suyo.

Lo maravilloso de la acuapónica es su versatilidad. Si usted ha sido el lector que estudió detenidamente el glosario y siguió buscando más información, quiere un tipo de sistema experto en tecnología. Diseñe lo que lo hace feliz.

JARDINERÍA ACUAPÓNICA

Resumen del capítulo

El diseño y la construcción de un jardín acuático de tecnología avanzada requiere algunas de las mismas herramientas y conceptos, pero va a atraer a un cierto tipo de genio del "hágalo usted mismo".

- Si tiene la mente de ingeniería, quite lo impaciente y lo artístico de su taller.
- Sea paciente. Tomará más tiempo del que quieres, pero será un gran sistema.

En el próximo capítulo, aprenderá todo sobre cómo maximizar su potencial de crecimiento mientras alcanzas el cielo. Siga leyendo.

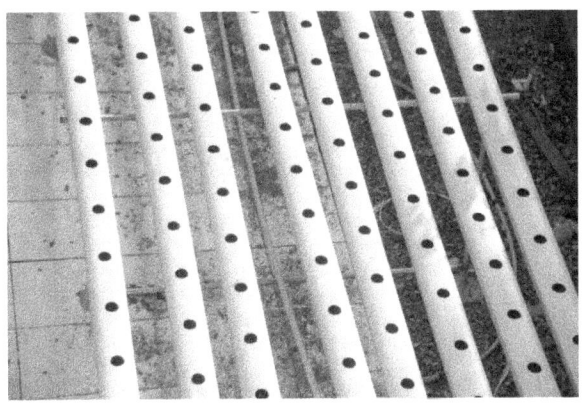

JARDINERÍA ACUAPÓNICA

JARDINERÍA ACUAPÓNICA

CAPÍTULO SIETE

ESTABLECIENDO UN IMPONENTE JARDÍN ACUAPÓNICO

La opción favorita de Napoleón

La idea de crecer verticalmente me atrae. Requiere menos espacio, es fascinante para llamar la atención, provocando un montón de "ohs" y "ahs". También es más caro. No me deje de lado. Tengo mis métodos, y lo ayudaré a agilizar el proceso para que sea lo más económico posible. Puede que haya leído los dos capítulos anteriores y no se haya enamorado de ninguno de los sistemas descritos. Incluyo instrucciones completas aquí, para que no tenga que ir y venir entre capítulos cuando esté listo para crear su obra maestra. Si todavía está esperando que caiga el rayo, ¡esto puede ser lo que está buscando!

Algunos de ustedes quieren el unicornio de todos los sistemas, y la torre de los jardines es impresionante. Esto no será un esfuerzo barato, y puede que aún la construyan ustedes mismos con planos, pero lo que están creando es más que comida para el invierno. Es una obra de arte. Ayudará si tiene experiencia en construcción y si tiene una mente de ingeniero. Cuente con aprender mucho y *haga su tarea con anticipación.*

Este sistema llevará tiempo de construcción, costará más en suministros y cosechará cuatro o cinco veces la cantidad de producto. La mayoría de las personas que conozco que han creado un imponente jardín acuapónico, primero disfrutaron de versiones pequeñas de mostrador, se mojaron los pies por así decirlo, y luego construyeron su obra maestra. Vale la pena el esfuerzo, pero este puede ser su segundo esfuerzo, no el primero. Su lista de suministros se parecerá mucho a las listas de granjeros y del ingeniero con algunas diferencias notables. Voy a describir una forma de construir un jardín imponente, pero verá fotos y pronto se dará cuenta de que hay una docena de formas de hacerlo.

1. Encuentre o compre su pecera. Esta es su pecera de fondo. Asegúrese de que sea lo suficientemente grande para todas tus necesidades de agua. Debido a que está instalando múltiples camas de cultivo, esto va a tomar algo de espacio, y estará pidiendo más peces para apoyar las camas adicionales. Dependiendo de la cantidad de plantas de lecho que quieras, probablemente deberías contar con un tanque de al menos 100 galones.

JARDINERÍA ACUAPÓNICA

2. Solicite un kit de prueba de pH.

3. Ordene su medio de cultivo. Le recomiendo que busques **hidrótomo** o alguna otra versión de piedras **LECA** para su lecho de medios. Como vas a transportar agua a tantas camas de cultivo, necesita la mayor eficiencia en su cultivo. No escatime ni vaya barato en este paso.

4. Necesita comprar una **bomba de aireación** para la pecera. Recuerde que sus peces necesitan oxígeno.

5. Necesita comprar una **bomba de sumidero** para mover el agua. He entrado en muchos detalles en el glosario, porque esta es la clave de su nuevo ecosistema. Para un sistema grande, necesita uno capaz de mover hasta 400 galones de agua por hora. Este será su caballo de trabajo y debe ser poderoso.

6. Necesita suministros para hacer circular el agua a medida que se bombea, y en este diseño, ese sistema de canales funcionará como sus contenedores de lecho. Gastará más en esto para camas elevadas que para cualquiera de los otros dos proyectos descritos porque está transportando agua más lejos y usándola en lugar de contenedores de cultivo. Usaría tuberías de PVC de 3 o 4 pulgadas de diámetro. Dependiendo de la cantidad de columnas que

JARDINERÍA ACUAPÓNICA

esté diseñando, necesitará aproximadamente ocho pies por columna en crecimiento, así que haga los cálculos y compre en consecuencia.

7. Obtenga codos y los conectores en T, dependiendo de cuántos soportes verticales estés construyendo. Planeaba de cuatro a seis. Si vas a ser un oso, sé un oso pardo. Cree un sistema de lujo que satisfaga sus crecientes necesidades.

8. Compre mangueras o tubos para bombear agua a la parte superior de cada una de las torres verticales.

9. Grava. Espere comprar 2,5 libras por cada cinco galones de agua.

10. Un sitio adecuado para trabajar.

11. Una sierra de corte, guantes y gafas de seguridad para cortar los tubos de PVC. Probablemente necesitarás papel de lija para suavizar esos cortes.

12. Una pistola de calor o una pequeña antorcha.

13. Una cuchara o espiga para hacer los agujeros de plantación.

14. Un cubo, agua fría y algunos trapos para enfriar el plástico una vez que esté caliente.

15. Necesitará sellador de silicona para fijar esas tapas sin fugas.

16. Una llave inglesa y dos abrazaderas ajustables.

17. Un taladro con diferentes tamaños de brocas: ½", ⅞".

18. Peces

19. Plantas

No voy a mentir. Un sistema vertical es más desafiante. Muchos kits de lujo ofrecen torres de cultivo, especialmente para la jardinería hidropónica. Si construye uno, necesitará diseñar la colocación de tuberías desde una pecera y luego hacia arriba a cada cama, así como hacia abajo para reciclar el agua. ¿Por qué te tomas tantas molestias y gastos extras? Por un lado, puede apilar más lechos de cultivo en la misma área cuadrada con los correspondientes rendimientos de producto. Cosechará continuamente, ya que siempre puedes tener un lecho de plantas de semillero, un lecho de productos medio maduros, y un lecho de vegetales listos para recoger y poner en la mesa. Un sistema elevado es fácil para su espalda con menos inclinación. Es un sistema más fácil de diseñar, ya que los tubos viajan hacia arriba y luego hacia abajo, por lo general en línea recta. Cuando construya su primer lecho, solo tiene que repetir los pasos para cada uno de los lechos de su plano. Por último, este es un sistema muy flexible y genial para entornos urbanos.

JARDINERÍA ACUAPÓNICA

¡Mire algunas de estas bellezas! Este sistema de contenedores escalonados es funcional y aun así agradable a los ojos. Esto combina la practicidad del granjero con el corazón del Napoleón para una combinación muy agradable de gran practicidad dentro del presupuesto de cualquiera. Esta versión incorpora tonos de madera cálida para una torre de vegetales artesanales.

Veamos los pasos involucrados en la construcción de su obra de arte. Debido a que este sistema utiliza tubería de PVC para sus camas de cultivo, es limpio y personalizado, menos desordenado y más fácil de administrar.

1. Prepare su pecera con una base sólida. Mi sugerencia es que esté por debajo de la altura de la ventana, tanto para desalentar el crecimiento de algas como para permitir el mayor espacio posible para su imponente jardín.

2. Lave la grava y póngala en su lugar.

3. Añada la bomba del sumidero y coloque un aireador en el exterior del tanque o en el fondo si es sumergible.

4. Ahora tiene que construir su torre. La colocará en el suelo para construirla antes de levantarla verticalmente, así que elige un buen lugar lo más cerca posible de su futuro hogar.

JARDINERÍA ACUAPÓNICA

5. Comience construyendo un marco para la torre, que le permita sujetar cada tubo de crecimiento de las plantas.

6. Corte su tubería vertical. La altura será determinada por la que quieras, y cortarás un largo por cada torre que quieras en tu jardín.

7. Necesitará perforar y moldear receptáculos de cultivo en cada uno de los tubos verticales. Una forma es hacer una abertura en el tubo, calentarlo con una antorcha, y luego presionar el plástico suave hacia abajo en un labio que sostendrá su planta. Recuerde, puede plantar alrededor del tubo, así que sueña en grande y haz muchas aberturas para plantas.

8. Perfore múltiples agujeros en los tapones y fíjelos a la base de cada tubo de cultivo. Esto permite que el drenaje regrese a su pecera, y no quiere que se desarrolle un pequeño estanque en la base del tubo, así que perfora múltiples agujeros.

9. Necesitarás una base horizontal en el fondo, justo encima de la pecera para fijar los tubos verticales. También necesitarás una base idéntica en la parte superior para anclar tus tubos en otro lugar. Utiliza tornillos, tuercas y pernos de acero inoxidable para evitar la corrosión.

JARDINERÍA ACUAPÓNICA

10. Llene cada tubo con su medio de cultivo. Asegúrese de que no se derrame de los extremos del tubo hacia la pecera.

11. Ponga tubos o mangueras de suministro de agua, uno por cada tubo de cultivo, en su estructura. Coloque el extremo de cada manguera en la parte superior de cada una de las tuberías de PVC llenas de medio de crecimiento. Se deslizará hacia abajo y regresará a su pecera en la parte inferior.

12. Añada a sus peces y deje que su mundo acuático haga su magia. Lleve un registro de sus lecturas, y cuando todo esté estable, añada sus plantas.

JARDINERÍA ACUAPÓNICA

Resumen del capítulo

El diseño y la construcción de un jardín de torre combina todo el ingenio de un granjero, toda la creatividad tecnológica de un ingeniero y toda la imaginación de un artista. Es una mezcla especialmente para aquellos con menos espacio, que pueden construir hacia arriba más fácilmente que hacia afuera. Estos diseños son llamativos y muestran los obstáculos, así que vale la pena el esfuerzo.

- Comience mirando muchas imágenes para estimular su imaginación.

- Lea y entienda las instrucciones anteriores. Muchos de los principios siguen siendo los mismos en cada jardín de la torre.

- Prepárese para ser la envidia de sus amigos y vecinos. Su jardín será épico.

En el próximo capítulo, aprenderá a ser humilde. Compre un kit. Tómese tiempo para una siesta y consiga ayuda. Está bien. De hecho, es una gran idea para los principiantes.

JARDINERÍA ACUAPÓNICA

CAPÍTULO OCHO

INSTALANDO UN JARDÍN ACUAPÓNICO MÁS FÁCIL

Si quiere un kit, por el amor de Dios, ¡consiga uno!

Algunos de ustedes miraron los últimos tres capítulos y sus ojos brillaron. No hay que avergonzarse de admitirlo. Simplemente le gusta aprender haciendo y se siente más cómodo comenzando con un kit para garantizar el éxito. Me sentí de la misma manera cuando comencé.

Los kits son una gran manera de entrar en este mundo, donde un pequeño percance puede matar a tus peces y desencadenar una reacción en cadena, matando también a tus plantas. No hay nada más fácil que leer el libro y luego reclutar las mejores mentes del planeta para crear su sistema para usted. En esta era de especialización, es una forma inteligente de sumergir el dedo del pie en el exigente mundo de la jardinería acuapónica.

JARDINERÍA ACUAPÓNICA

Comencemos por obtener algo de perspectiva de lo que hay ahí fuera. Digamos que el dinero no es un objeto. Si tiene el espacio y el dinero, este modelo de lujo es como el Cadillac de todos los kits. Veamos algo un poco más modesto: Es más pequeño, pero me gusta su diseño aerodinámico y su facilidad de mantenimiento. Los kits varían desde lo pequeño, a la encimera, a lo grandioso, y puedes elegir dependiendo de lo que tu presupuesto y tus circunstancias dicten.

Ahora, es hora de ir de compras. En realidad. ¿Qué debe buscar al buscar en Internet kits? Tamaño, por un lado. ¿Encajará en su espacio y aumentará el volumen de verduras que desea? Nada es peor que el remordimiento del comprador: gastar mucho dinero en un kit y luego darse cuenta de que no es lo que quería. La vieja teoría de gastar tanto tiempo investigando como te llevó ganar esa etiqueta de precio es un consejo particularmente sabio aquí.

Mire uno de los detallados juegos de herramientas de bricolaje y asegúrese de compararlo con otros kits a medida que reduce sus opciones. ¿Está completo el kit de su elección? Algunos son más baratos, pero tienes que comprar todos los extras, que se suman. Y que el cielo nos ayude si llegas a cierta etapa del proceso y luego se da cuenta de que no tiene alguna pieza indispensable y que pasará una semana antes de que la consiga. La frustración es un asesino. Una vez más. Haga su tarea.

JARDINERÍA ACUAPÓNICA

Piensa en lo fácil que será limpiar y mantener el equipo. Sacudo la cabeza ante algunos diseños, pensando que casi preferiría lanzarlo a limpiarlo. ¿Fue diseñado para un tipo de jardín? Eso no es lo que tengo en mente.

No olvide verificar su seguridad, utilizando materiales de grado alimenticio. Algunos equipos baratos no pertenecen a su casa, y los químicos que se filtran de ellos no pertenecen a nuestros cuerpos.

Busque distribuidores con experiencia en la construcción de varios modelos. Todos esos modelos representan el tiempo en el campo, y el tiempo es igual a la experiencia. Si tiene el corazón puesto en una pequeña empresa con un kit de jardinería acuapónica, mírelo críticamente y lea las reseñas.

Una pequeña empresa final es Aquasprouts, con mucha instrucción y suministros para que empieces a buscar la opción correcta. Ha ganado buenas críticas, es económico y un gran jardín para principiantes. Es demasiado pequeño para mi familia.

En el otro extremo del espectro está la compañía Brio con dos opciones a considerar. Le va a costar algo de dinero. Va a sentir que es mucho dinero, pero será una buena inversión. En el mundo de los kits, no es el más caro que hay.

Mi favorito es un kit escalable que le permite elegir el tamaño que necesita. Esta compañía tiene sistemas de

JARDINERÍA ACUAPÓNICA

interior y exterior, con varios modelos para estudiar. Cada uno de esos modelos se traduce en tiempo y experiencia. Esta compañía ha tenido tiempo para resolver las arrugas y ofrece un producto sólido. Esto es incluso más caro que el magnífico modelo Brio, pero se obtiene mucho más poder de crecimiento por su dinero.

Digamos que el dinero no es un problema. Si tiene el espacio y el dinero, este modelo de lujo es como el Cadillac de todos los kits. Veamos algo un poco más modesto: es más pequeño, pero me gusta su diseño aerodinámico y su facilidad de mantenimiento. Los kits varían desde lo pequeño, a la encimera, a lo grandioso, y puedes elegir lo que tu presupuesto y tus circunstancias dicten.

Mi favorito, de manera personal: Me encanta el sistema Indy 11.5 de Murray Hallam como un cruce entre un kit y un sistema de bricolaje, proporcionando lo mejor de ambos mundos. Está diseñado por expertos e incluye 60 páginas de instrucciones a todo color. Tiene que comprar los materiales de construcción, pero los deberes se han hecho por usted. El diseño tiene ocho años de antigüedad, y es un producto probado. De hecho, creo que puede ser mi próxima aventura al aire libre.

Lo que más me gusta del concepto del kit es la forma en que ayuda al procrastinador en todos nosotros. Sí, queremos un jardín acuapónico. Uhm, sí, lo queremos con todas las campanas y silbatos. Ahora mismo no es un buen momento, hay demasiadas cosas para excavar y diseñar uno. ¡Espera! ¿Un kit? ¿Puedo hacer esto durante un fin de semana? ¡Claro que sí! ¿Ve lo fácil que es hacer que suceda? Esta es la respuesta para todos los aspirantes que nunca parecen ser capaces de hacerlo realidad... la vida se interpone en el camino. ¡Esto es para ustedes!

JARDINERÍA ACUAPÓNICA

Resumen del capítulo

Un kit es valioso cuando no quiere reinventar la rueda. Disfruta construyendo sobre los cerebros y consejos de los pioneros en el campo, y termina con un preciado jardín acuapónico en el proceso. Un kit es valioso cuando:

- Investiga cuidadosamente el mercado para el diseño que sea mejor para su situación.
- Eres bueno siguiendo instrucciones, pero te falta experiencia personal o imaginación.
- Le gusta la comodidad y no le importa pagar por ella.

En el próximo capítulo, aprenderá a crear su acuario y crear el ambiente adecuado para el crecimiento de peces saludables. Se trata de crear un delicado equilibrio entre dos extremos tóxicos.

CAPÍTULO NUEVE

¿QUÉ HAY EN TU AGUA?

(MÁS DE LO QUE NUNCA QUISISTE SABER SOBRE EL PH)

Está a punto de entrar en la fase más crítica de la jardinería acuapónica: ajustar el agua para que acoja a los peces y produzca el alimento perfecto para el crecimiento de las plantas. Ya hemos cubierto lo básico en el ciclo de la vida acuapónica: los peces producen residuos. Los residuos se aferran a la materia inorgánica (piedras de arcilla), donde las colonias de bacterias descomponen los residuos en nitratos que las plantas pueden digerir. Las plantas absorben el alimento cargado de nutrientes y lo devuelven a los peces como agua limpia y sana.

Sé que suena fácil, pero la verdad es que no lo es. Necesitas crear el alimento acuático adecuado para el crecimiento óptimo de los peces que se convierte en el alimento acuático adecuado para el crecimiento de las plantas. Eso implica el nivel de oxígeno, la temperatura del agua y el grado de acidez adecuado. De estos tres, la acidez es el factor clave.

Ponte el cinturón de seguridad, porque está a punto de aprender más de lo que nunca quisiste saber sobre el equilibrio del **pH**. Voy a ofrecerle una introducción en este capítulo, y mucha más información en el glosario, con enlaces en caso de que quiera profundizar en el tema.

Primero, la definición básica y su explicación. En toda la vida, existe un delicado equilibrio entre la positividad y la negatividad. Al igual que en los bloques de construcción de la naturaleza, los elementos presentes en una esfera de un núcleo positivo se atascan llenos de protones y neutrones y orbitan alrededor de los electrones negativos. Son más felices cuando están perfectamente equilibrados en un estado neutral. En una reacción química, los electrones se desplazan. Piense en un aparcamiento con coches aparcados en todos los puestos. Suena un silbato, y cada conductor corre alrededor del estacionamiento para aparcar su coche en un puesto diferente. En el proceso, estos elementos intercambian electrones, cada uno atrayendo o perdiendo electrones, recogiendo diferentes configuraciones, y así creando compuestos. El hidrógeno y el oxígeno se convierten en agua gaseosa o líquida, siendo su composición química dos partes de hidrógeno y una de oxígeno (H2O).

Su combinación en el agua crea una sustancia estable con un equilibrio perfecto entre la positividad y la negatividad. Si usted tuviera superpoderes y pudiera mirar hacia abajo para ver lo que ocurre en el nivel más básico, vería una reacción química en la que el hidrógeno es despojado de su electrón, convirtiéndolo en una carga positiva. El oxígeno fue despojado de dos electrones, haciéndolo negativamente cargado. Se combinan de tal manera que los electrones extra en los dos átomos de hidrógeno se unen a los estacionamientos vacíos en el átomo de oxígeno, y de repente, ambos han alcanzado un perfecto estado de neutralidad.

Esta repetición del intercambio de electrones y la formación de nuevas sustancias se produce durante todo el día en su cuerpo en los millones de intercambios que regulan la transmisión del pensamiento en cada sinapsis, así como la carga y recarga de cada latido del corazón. Ocurre automáticamente sin ningún esfuerzo por su parte, y hasta ahora, puede que ni siquiera haya sido consciente del milagro de la vida que se produce en su interior.

El estudio de este perfecto alimento corporal se llama **homeostasis**. Es una palabra elegante que significa mantener el cuerpo preparado con la cantidad justa de acidez para que estos millones de reacciones químicas tengan lugar. A su cuerpo le gusta un pH de 7,35 a 7,45. Su sangre arterial es normal a 7,40. Es un rango muy estrecho para mantener la vida, pero su cuerpo lo mantiene a través de la transferencia de elementos cargados eléctricamente de calcio, sodio, carbono y potasio, por nombrar algunos.

La medición de la acidez o la alcalinidad se hace a través de la medición del pH. Está en una escala de 1 a 14. Un pH más bajo significa que la sustancia medida es más ácida. Un pH más alto significa que la sustancia medida es más alcalina. Veamos la molécula de agua que creamos al principio del capítulo. Cuando el agua llueve sobre nosotros, tiene una carga neutra de 7,0. Cuando los químicos se disuelven en el agua, su equilibrio cambia.

Las sustancias ácidas donan electrones para que se carguen negativamente y, en el proceso, se combinan con sustancias de carga positiva para crear otro compuesto neutro. Todo lo que ves que ocurre a tu alrededor depende de estas diminutas reacciones químicas, electrones que se mueven y se estacionan, cambiando de puesto de estacionamiento, y siempre buscando el lugar adecuado para aterrizar.

Cuando lea el siguiente capítulo, analizará qué tipo de alimento acuoso le gusta a cada pez. Algunos viven dentro de una esfera muy estrecha, como su cuerpo, y algunos toleran grandes fluctuaciones en la acidez versus la alcalinidad de su hogar acuático. Será su trabajo crear ese delicado equilibrio de pH que le gusta a sus peces, así que, ¿cómo lo hace?

JARDINERÍA ACUAPÓNICA

El primer paso será medir el pH de su acuario. Usará un kit con tiras de papel de tornasol. Sumerja uno en el agua y vea que se vuelve de un color que representa su lugar en la escala de acidez o alcalinidad medida impresa en el costado del frasco que contiene las tiras de tornasol. No importará si uste es daltónico, porque todavía verá algún matiz en la escala y seguirá comparando su tira con el color que le parezca.

La mayoría de los peces tolerarán el agua que pongas en el tanque. Sin embargo, esa agua no se mantendrá en el pH neutro después de que los peces empiecen a habitar su nuevo hogar. A medida que expulsan los residuos, añaden amoníaco (NH3) al agua. Este es un compuesto cargado, que hace que el agua sea ácida. Si esos desechos se acumulan, comenzarán a oler el amoníaco, y si continúa aumentando, alcanzará un nivel tóxico para los peces, impidiendo el flujo de oxígeno hacia sus branquias, asfixiándolos o ahogándolos efectivamente. En un acuario normal estarías cambiando el agua para hacerla neutra una vez más.

Es un tipo de ejercicio diferente cuando tienes un tanque de 50, 100 o 500 galones de agua. Aquí es donde entran en juego tus guijarros de arcilla. Albergan bacterias que causan importantes reacciones químicas. Un tipo de bacteria (nitrosomonas) cambiará el NH3 a NO2 (un nitrito), y otra bacteria (nitro bacteria) tomará el nitrito y lo cambiará a NO3 (un nitrato). Este nitrato es justo lo que las plantas necesitan para crecer, y lo absorberán en

JARDINERÍA ACUAPÓNICA

sus raíces. No puede agregar plantas de manera efectiva hasta que estos nitratos estén presentes en el agua, y puede tomar hasta treinta días para conseguir un ambiente saludable en funcionamiento.

- El **ciclo del nitrógeno** es el proceso de mantener su jardín acuático funcionando como el resto del universo, en un constante reciclaje de nutrientes.

Esta es la progresión normal que verá cuando añada sus peces al agua. Primero, registrará un aumento de la acidez, ya que sus peces excretan residuos en el agua. Luego, verá un cambio, cuando las bacterias se activen y empiecen a hacer su magia. Es entonces cuando puede introducir plantas, que limpiarán el agua mientras absorben estos nitratos.

En el proceso de todo esto, necesitará medir la acidez del agua, así como los niveles de nitritos y nitratos, cada par de días para asegurarse de que se mantiene el equilibrio óptimo. Si se vuelve demasiado ácida, necesitarás intercambiar agua o disminuir los desechos alimentando menos a sus peces.

Los nitratos, sin embargo, son solo una medida para mantener un saludable jardín acuático. Igual de importante es la regulación de la temperatura del agua. Su pez será de sangre fría. ¿Por qué es eso importante? No pueden generar calor corporal y le corresponde a usted regular el agua para su comodidad y salud. Cuando la temperatura de un niño sube solo tres grados, nos preocupamos por la fiebre y trabajamos para reducir su temperatura. Sus peces sufrirán de manera similar cuando la temperatura del agua fluctúa salvajemente.

- Apunte a no más de tres grados de cambio en un período dado de veinticuatro horas.

Los factores que afectan la temperatura del agua de su tanque incluyen su fuente de calor, su clima y cuánta temperatura mantiene su casa (si está en el interior), la cantidad de tuberías por las que viaja el agua, cómo coloca sus tanques, su lecho de cultivo y si aísla o no partes de su sistema. Por supuesto, usted quiere reducir su consumo de energía y por lo tanto reducir su costo de operación. Para ello, una de las cosas más sencillas que puedes hacer es aislar tus tanques, lecho de cultivo y tuberías. Todo esto requiere la voluntad de configurar sus tanques y monitorear sus condiciones antes de invertir en peces o plantas.

También necesita controlar la oxigenación del agua. Hemos cubierto el conseguir un aireador para añadir oxígeno, pero ¿cómo sabe si tiene la cantidad de peces que necesita? El nivel de oxígeno disuelto afecta directamente al crecimiento de los peces, y el nivel de bacterias nitrificantes para convertir los residuos en fertilizante. Su objetivo es una saturación de oxígeno del 100%, y para ello debe imitar a la Madre Naturaleza. Los arroyos y ríos permanecen oxigenados por las burbujas de aire atrapadas en las moléculas de agua durante las lluvias. Se disuelven en el agua y aumentan el nivel de oxígeno. En su acuario, imite este proceso mediante el uso de una **bomba de aireación**.

Toda esta discusión apunta a conseguir un buen equipo para medir el agua y para llevar registros. **Los kits de análisis de agua** vienen en muchas formas diferentes, algunas más caras que otras:

1. La forma más práctica y barata son las tiras reactivas secas. Los reactivos ya están aplicados y los cambios de color señalan los niveles medidos, comparándolos con la guía del frasco.
2. Los kits de prueba de líquidos requieren que tome muestra del agua de su tanque, añada reactivos, y luego se fije el color después de que haya pasado un tiempo. Estos son muy precisos.
3. La forma más cara es un fotómetro, que requiere una calibración frecuente.

Mire los enlaces en su glosario y encuentre uno que satisfaga sus necesidades. No se asuste por los precios que ve cuando comienza a comprar un kit. Sí, son caros, pero piense en cuánto tiempo duran. Cada kit tiene muchos números impresos, y normalmente los últimos cuatro dígitos son el mes y el año en que fue fabricado. Deberá realizar un seguimiento de ese número, porque su equipo dura mucho tiempo.

JARDINERÍA ACUAPÓNICA

Resumen del capítulo

Mantenga el nivel adecuado de acidez o alcalinidad en su agua:

- Midiendo el nivel de pH del agua varias veces por semana.
- Reduciendo la acidez intercambiando agua en el tanque.
- Reduciendo la acidez alimentando menos a sus peces.
- Reduciendo la acidez introduciendo plantas.

En el próximo capítulo, aprenderá qué peces quieres invitar a su nuevo hogar de peces.

PARTE III

LLENE DE VIDA SU SISTEMA ACUAPÓNICO

CAPÍTULO DIEZ

¿QUÉ HAY EN EL MENÚ?

Ya sabe que su pecera puede convertirse en el hogar de todos, desde Koi ornamental hasta bacalao, pero tiene que decidir qué peces comprar. Este capítulo está dedicado a examinar algunas de sus elecciones y los tipos de factores que influirán en su decisión. Entre sus consideraciones más básicas están el costo, la rapidez con que se reproducen y sus condiciones de crecimiento.

Peces ornamentales - Koi y Pez de Oro

Estas bellezas no son comestibles, pero son ciertamente atractivas.

Los Koi pueden vivir en temperaturas que van de 59 a 77 grados Fahrenheit, lo que requiere un pH de 7 a 8. Son resistentes, fáciles de mantener y de larga vida. En su tamaño máximo, pueden crecer hasta dos pies en treinta años.

Los peces dorados vienen en dos variedades, denotadas por sus colas. La cola simple es más agresiva que la variedad de doble cola, y los criadores no recomiendan poner ambas en el mismo tanque. Les encanta una temperatura de entre 78 y 82 grados Fahrenheit, con un pH de 6 a 8. Son resistentes y pueden alcanzar una libra de tamaño en un año.

Los peces dorados cometas son criados en América con colas profundamente bifurcadas. Vienen en varios colores y pueden crecer hasta 12 pulgadas de longitud en 10 o 15 años.

Los peces dorados Shunbunkin son originarios de Japón. Son muy atractivos y pueden crecer hasta más de 15 pulgadas de longitud.

Los peces dorados con cabeza de león son muy populares, debido a sus distintivas cabezas y varios colores. Viven hasta 15 años, pero rara vez crecen más de 6 pulgadas de largo. Cuando miramos el número de peces que deben llevar, debemos tener en cuenta ese tamaño más pequeño.

Los peces dorados de cola de abanico son extremadamente resistentes y son geniales para los principiantes. Tienen un cuerpo distintivamente corto, con forma de huevo y una cabeza ancha. Pueden crecer hasta 10 pulgadas de longitud en 15 años.

Otros ornamentos, como los tetras y guppies son menos resistentes y más exigentes. También, tenga en cuenta algunas advertencias. Muchas plantas ornamentales han sido tratadas con antibióticos u otros químicos que se almacenan en su carne. Sí, los están llevando a su jardín acuático. También se sabe que las plantas ornamentales son portadoras de tuberculosis, gusanos y otros parásitos.

Tilapia

Si está listo para sumergirse con los peces que eventualmente comerá para la cena, uno de los más comunes es la tilapia. ¿Sabías que hay tres especies de tilapia? Yo tampoco. Hay tilapia blanca, dorada y azul.

La tilapia dorada es una especie resistente, y puede tolerar temperaturas de agua entre 75 y 98 grados Fahrenheit, y necesita un pH de 6,5 a 9. Pueden sobrevivir a la mala calidad del agua, a la contaminación y a los bajos niveles de agua oxigenada. También son los más resistentes a las enfermedades. La tilapia azul crece mucho más lentamente, tomando hasta 3 años para alcanzar de 2 a 4 libras. La tilapia blanca es un retoño de la especie azul, pero crece tan rápido como la dorada y sobrevive a temperaturas tan bajas como 50 grados Fahrenheit.

Si quiere pasar más rápido del pescado a las verduras en la mesa, el blanco es la mejor opción. Sobre este punto, deberías preguntarte qué comen estos peces. En las costas de Hawái, comerían algas y pequeños organismos unicelulares, pero estará eliminando las algas de su tanque. Eso significa que tiene que comprar una orgánica de alimento para **peces**. Algunas versiones más baratas se harán con desechos de pescado, espinas trituradas y otros subproductos, pero estos no son buenos para sus peces, especialmente si planea cosecharlos para el consumo de la mesa.

- Alimente bien a sus peces, y pueden crecer a tamaño completo en tan solo ocho meses. Aliméntelos pobremente, y puede que nunca ganen una libra.

La tilapia entera es una deliciosa adición a su mesa. Para cosecharlas, se recomienda ponerlas en un tanque separado de tres a cinco días, reteniendo toda la comida, limpiando así el tracto digestivo.

¿Qué tamaño de tanque necesita para cultivar tilapia? Un pez completamente desarrollado necesita tres galones de agua. Eso equivale a un pez por cada 3 a 6 galones de agua. Veamos esas cifras de manera realista. Si está cultivando tilapia, está viendo un tanque con unos 130 galones, capaz de manejar de 20 a 40 tilapias completamente desarrolladas.

En resumen, la tilapia es el más popular de los peces grandes de los jardines acuáticos, debido a su tasa de crecimiento relativamente rápida, su resistencia y su sabor suave. Espere gastar dinero en comida orgánica y un calentador de agua, y asegúrese de tener un gran tanque.

Pacu

Este pez proviene de una región con selvas y bosques tropicales, por lo que requiere agua caliente (entre 75 y 88 grados Fahrenheit), con un pH de 6,5 a 7,5. No viven amigablemente con otros peces, así que, aunque no se alimentan de ellos, se abstienen de juntarlos. También preste atención a su tamaño completo: 3½ pies de largo y 88 libras. ¿Necesito advertirle sobre el hecho de tener un sistema muy grande?

Bagre

Estos son en realidad grandes peces para su jardín acuático. Crecen a tamaño completo en un año y son conocidos por su resistencia cuando el sistema de un tanque se contamina. Además, se desempeñan bien en temperaturas de entre 75 y 86 grados Fahrenheit, con un pH de 7 a 8,5, lo que los hace fáciles de cuidar. A los bagres no les crecen escamas, así que planeen despellejarlos antes de que lleguen a la cacerola.

En el lado positivo, puede añadir alguna variedad a su tanque, porque esta no es una especie territorial. En el lado negativo, necesitan un alimento para peces rico en proteínas, así que téngalo en cuenta antes de invertir en ellos. A mitad de año no querrá sentir de repente que estás gastando *demasiado* dinero en comida para peces y experimentar el remordimiento del comprador.

Trucha

JARDINERÍA ACUAPÓNICA

Apreciado por los gourmets, es una raza divertida de cultivar. Toleran el agua más fría, así que asegúrese de cultivar vegetales que también toleren el agua más fría, alrededor de 45 a 65 grados Fahrenheit, pH 6.5 a 8. Crecen lentamente y disfrutan de un paladar ecléctico de peces, insectos e invertebrados pequeños. Todos ellos suenan atractivos hasta que miras la otra cara de la moneda.

Estos peces no juegan bien con otras especies. Asegúrate de que solo quieres truchas. Necesitan mucho espacio y crecen lentamente. También requieren niveles más altos de agua oxigenada (un mínimo de 10 mg/min), así que planee conseguir un aireador de alta calidad para su tanque.

Carpa

Estos peces son populares en Asia, pero no tanto en la mayoría de las culturas occidentales. De hecho, en los Estados Unidos, donde se consideran plagas, puede ser multado por tenerlos. Sorprendentemente, el pez dorado es un pariente más pequeño y distante de la carpa, un testimonio de la versatilidad de la especie.

Bacalao

Si no desea calentar su agua, el bacalao Murray es una excelente opción, ya que soporta un rango de 46 a 75 grados Fahrenheit, pH 7 a 8. Crece hasta un peso adulto de 1 libra en 12 a 18 meses. Hacen grandes amigos de diferentes tipos de percas, pero se dan cuenta de que son omnívoros y comerán peces más pequeños, incluso recurriendo a atacarse unos a otros si no los alimentas lo suficiente. Estos peces disfrutan de una vida muy larga de hasta 15 años, así que, si no planea cosecharlos para la mesa, hacen una gran inversión en su jardín acuapónico.

Perca de Jade

Este pez, nativo de Australia, tolera temperaturas de agua de 60 a 85 grados Fahrenheit, con un pH de 6,5 a 8,5. Una cosa que le hace querer a los jardineros acuapónicos es su gusto por las verduras y los residuos vegetales, comiendo desechos normalmente compostados. Crecerá hasta una libra en doce meses. Este es un excelente pescado para la mesa, ya que es alto en ácidos grasos omega-3.

Corvina

Los pescadores americanos aprecian la corvina y disfrutan de su suave sabor. Toleran temperaturas de agua de 65 a 80 grados Fahrenheit, pH 7,2 a 8, y alcanzan la madurez en un año. Hay varios tipos: de boca grande, híbrido de boca pequeña rayado y corvina blanca. Si los atrapa de un estanque o lago local, puede trasplantarlos a su jardín acuapónico, eliminando el costo de comprarlos.

Barramundi

JARDINERÍA ACUAPÓNICA

Un nativo de Asia planea mantener la temperatura del agua más alta para esta raza de peces: 71 a 80 grados Fahrenheit. Comen mucho, así que, por supuesto habrá muchos desechos, lo que puede poner su sistema fuera de juego. Los peces adultos se comerán los alevines, así que no planeen mantener juntos a los peces reproductores.

Este es un pez de rápido crecimiento, pero los expertos sugieren que no es el mejor pez para los principiantes. Siga su consejo.

Crappie

Esta especie viene en diferentes tamaños y colores. Tardan dos años en crecer hasta un tamaño completo de una libra, así que no esperes un cambio rápido. Toleran el agua entre 60 y 75 grados Fahrenheit, con un pH de 6,5 a 8,2, lo que los hace bastante resistentes. Serán más felices viviendo con los suyos, y usted también.

Gill Blue

Originarios de América del Norte, son comunes en los Estados Unidos. Los encontrará fáciles de atrapar y transferir a su jardín acuático. Les gusta que su agua esté entre 70 y 75 grados, un rango estrecho para manejar, y les gusta un pH de 7 a 9. Hace muchos amigos en la familia de los peces y alcanzará el tamaño de una mesa en un año.

JARDINERÍA ACUAPÓNICA

Langostinos de agua dulce y camarones

Estos son peces muy rentables para criar y vender como parte de su jardín acuapónico, ya que son la fuente número uno de alimentos marinos consumidos en todo el mundo. Toleran temperaturas de agua entre 57 y 84 grados Fahrenheit, pH 6,5 a 8, y pueden ser cosechados dentro de 3 a 6 meses. No les gustan los cambios, así que estabilice su tanque antes de obtenerlos.

Salmón

Estos son peces deliciosos, pero muy grandes, que necesitan tanques muy grandes. Les gusta una temperatura de 55 a 65 grados Fahrenheit, un pH de 7 a 8. Toma 2 años para que uno crezca a tamaño completo. Son tolerantes a las condiciones de frío, pero se dan cuenta de que no pueden manejarse al aire libre si viven en un clima templado con veranos calurosos. No son resistentes a las enfermedades y requieren más alimento por libra que todos los demás peces utilizados en la jardinería acuapónica.

Resumen del capítulo

En este capítulo, revisamos los muchos tipos de peces disponibles para la jardinería acuática. La elección de los peces que desea emplear para abastecer su tanque depende de variables como el tamaño, el costo, la capacidad de llevarse bien con los amigos y los requisitos de vida. La elección de cosechar los peces requiere la creación de un tanque de cría para asegurar que siempre haya un suministro de nuevos peces que reemplacen a los que se cosechan. Hay un pez para cada entusiasta de la acuicultura:

- Peces ornamentales
- Tilapia
- Pacu
- Bagre
- Trucha
- Carpa
- Bacalao
- Perca de jade
- Corvina
- Barramundi
- Crappie
- Gill Blue
- Langostinos de agua dulce y camarones
- Salmón

En el siguiente capítulo, aprenderá sobre los vegetales que puede cultivar en su jardín acuapónico.

JARDINERÍA ACUAPÓNICA

CAPÍTULO ONCE

PARA UN SISTEMA PEQUEÑO, CULTIVAR UN CUENCO DE LECHUGA

Porque queríamos un pequeño sistema de interior donde pudiéramos disfrutar de los peces y cosechar fácilmente nuestros productos, primero opté por cultivar una mezcla de vegetales grandiosos para un tazón de lechuga. No recuerdo haber hecho ensaladas con un solo tipo de lechuga, así que, para mí, siempre se trata de la mezcla de sabores y colores. Añadiendo pimientos, tomates, pepinos, garbanzos, cuartos de huevo duro, tiras de queso ahumado, nueces y frutas, siempre se pasa a un segundo plano en una gran variedad de verduras.

Para un jardín casero, elijo diferentes verdes desde una perspectiva comercial, uso lechugas de hojas grandes en lugar de micro verdes. Cuando mezclo una enorme ensaladera, normalmente alimento de 12 a 16 personas. Nos entretenemos mucho, así que a veces alimento a 25 o 30. Para esos números, estoy más interesado en cuánta ensalada estoy haciendo que en si los gourmets están impresionados con esos pequeños y muy valorados micro verdes. Así que, a menos que sean solo ustedes dos, o que su familia escoja las ensaladas (entonces, ¿por qué cultivan verduras?) les recomiendo lo siguiente:

Siempre cultivo dos tipos de lechuga. Las variedades verdes varían según mi estado de ánimo al plantar, pero mis favoritas son la romana y la Simpson de semillas negras. Además, siempre cultivo una variedad de lechuga rubí. Es más picante, por lo que agrega color y variedad a la ensalada.

Además, siempre cultivo espinacas como una adición a la ensalada. Coseche las hojas cuando sean pequeñas para obtener un sabor dulce y delicado. Elimina cualquier tendencia a escaparse.

- Congela las semillas durante un día antes de plantarlas para acelerar el proceso de germinación.

La col rizada es un alimento básico importante en nuestro hogar. A menudo la añado a las ensaladas, pero también me encanta lavar las hojas y congelarla. No la blanqueo. Solo lavo y seco las hojas, las meto en bolsas de congelador y las tiro en el soporte. Cuando hago sopas o alimentos durante el invierno, saco una bolsa, aplasto todas las hojas y las vierto para obtener vitaminas extra, buen color y definición, con un poco de fuerza. Cuando se trata de cocinar col fresca, mi familia prefiere ignorar cualquier cosa saludable. Les gusta que fría un montón de tocino. Luego saltear en un poco de ajo picado, añadir las verduras, cocinarse todo, y cubrirlo con el tocino. (No me grite. ¡Están comiendo verduras!)

Si cultivo algún micro verdes para mi mesa, es una planta o dos de rúcula (un poco llega muy lejos) y algunos berros. En la época victoriana, los sándwiches de berros eran un manjar, pero para mi familia, no tanto. Nos gusta en las ensaladas, y como las hojas de borde arrugado son las mejores.

El Pak Choi es otro vegetal que muchos optan por cultivar, aunque no es uno de mis habituales. Es una forma de col china y la encontrarás en varios platos de los restaurantes chinos. Lo encontrará muy adecuado para su jardín acuático por su crecimiento compacto y sus hojas densamente verdes y nutritivas. Puede crecer en sombra parcial y en contenedores, lo que lo convierte en una gran elección para un cuenco de lechuga sobre un plato de verduras.

Las hierbas se ganan un lugar prominente en mi jardín interior. Por supuesto, no cultivo todo lo siguiente todo el tiempo, pero mis mejores opciones son el perejil italiano, el romero y la menta. Déjeme decirle algo sobre cada una de ellas.

El perejil italiano es una maravillosa guarnición para los espaguetis y la lasaña, o cualquier forma de pasta. Tiene un sabor suave y el color, espolvoreado por encima, hace que los comentarios sean muy favorables antes de que alguien dé el primer mordisco. Nunca decepciona.

Me gusta cultivar albahaca y usarla en sopas y alimentos. También me gusta cosecharla para hacer pesto. Pongo el pesto en pequeños compartimentos de la bandeja de hielo, lo congelo, y luego los pongo en pequeñas bolsas en el congelador. Es fácil extraer una pequeña cantidad de pesto para adornar cualquier plato. He añadido una receta de pesto fácil y sin complicaciones a un capítulo posterior, por si es nuevo en esto.

El tomillo es maravilloso en las aves de corral. Ningún pavo se cocina en nuestra casa sin dos o tres puñados de tomillo para sazonar tanto la carne como el caldo. Si madura antes del Día de Acción de Gracias, simplemente cosecho la planta, la ato por la ventana de la cocina para que se seque, y rompo lo que quiero cuando llega el momento de usarla.

En verano uso la menta para el té, la limonada y las ensaladas de fresa, pero no quiero cultivarla al aire libre. Es una planta altamente invasiva, así que un jardín acuapónico es el lugar perfecto para contener sus formas errantes.

El cebollino es maravilloso para tenerlo a mano con las patatas asadas. Una barra de papas horneadas es la comida favorita de nuestra casa, y a todos les gusta espolvorear cebollinos sobre su crema agria, así como queso, tocino, brócoli y una mezcla de maravillosos ingredientes.

La salvia asume un gran papel en nuestra casa. Además de ofrecer un toque salado a los alimentos y mezclas de aderezo, mi familia ama que se aplaste en sus galletas para un festín de galletas y salsa el sábado por la mañana.

Solo cultivo unas pocas ramas de romero. Me encanta en el pan de carne, pero no está en mi lista de alimentos básicos.

Por último, pero no menos importante, el cilantro no es fácil de cultivar debido a su tendencia a perderse, pero comemos tanto Tex-Mex que tengo que cultivarlo. Lo bueno de cultivar tu propio alijo es que cuando compras un ramo en el mercado, tiene una corta vida útil. Podrá cosechar la cantidad justa que necesita para salsa, guacamole o como guarnición.

JARDINERÍA ACUAPÓNICA

Resumen del capítulo

Si tienes un pequeño jardín acuapónico, cultivar una variedad de productos para su ensalada es un uso maravilloso para su espacio. Disfrutará de los beneficios de un delicioso pescado y de las verduras frescas que hacen de las ensaladas un recuerdo.

- Para una ensalada casera, cultiven diferentes variedades de lechuga y espinacas.

- La col rizada es valiosa en batidos, cocinada como verdura o congelada para los alimentos de invierno.

- Las hierbas frescas son maravillosas como guarniciones y saborizantes.

En el próximo capítulo, aprenderá sobre los vegetales para una jardín acuapónico más grande.

JARDINERÍA ACUAPÓNICA

CAPÍTULO DOCE

PARA UN SISTEMA GRANDE, CULTIVE MUCHOS VEGETALES

No hay que ser vegetariano para amar las verduras, y no hay que cultivar una gran variedad para ser un jardinero de éxito. De hecho, en la jardinería acuapónica, se recomienda elegir cuidadosamente los alimentos que más come y centrarse en cultivar selectivamente una variedad más pequeña de plantas.

A algunos les va especialmente bien en su entorno, y entre ellos están los tomates, los pimientos, los pepinos, los frijoles, la calabaza, los guisantes, el brócoli, la coliflor, el repollo y los pimientos. De hecho, según el tamaño de la pecera y el tamaño del lecho de cultivo, algunos se adaptan mejor al crecimiento en interiores que al cultivo en exteriores. Vamos a revisarlas.

Tomates

Esto es un pilar en nuestra casa. En el verano, en mi jardín exterior, a menudo cultivo hasta 100 plantas, solo

JARDINERÍA ACUAPÓNICA

para asegurarme de que tengo suficiente para convertirme en una exquisita salsa, jugo de tomate, salsa de tomate, salsa de espagueti, y todavía tengo mucho que poner sobre la mesa. El gran número de variedades puede resultar abrumador, así que vamos a repasar lo básico.

Tanto si tiene un sistema de interior como de exterior, y si tiene espacio para una, veinte o cincuenta plantas, todavía querrá mirar cuidadosamente todas las variedades disponibles. Si planea cultivar sus plantas a partir de semillas, conozca dos grandes compañías. La compañía de semillas Burpee ha existido lo suficiente como para ganarse el respeto en todo el país y no puedes equivocarte con nada de lo que les pidas. Prefiero Johnny's por su selección de productos no genéticamente modificados y orgánicos.

Si quiere plantarlas en un jardín exterior, hágalo justo después de Navidad. Me gusta tener raíces bien desarrolladas y plantas fuertes para trasplantarlas al jardín. Empiezo con tiempo suficiente, usando bandejas o recipientes planos. Cuando las plantas tienen hojas verdaderas, las saco con cuidado en un recipiente más grande y dejo que el tiempo haga su magia. Las planto en la tierra y luego lavo mis raíces para trasplantarlas a un sistema acuapónico.

Me gusta un buen cortador de mesa, y Johnny's Big Beef F1 es un gran batidor para los BLTs. Como esta es una variedad híbrida (denotada por la F en su título), no puede guardar y replantar las semillas. Madura en unos setenta días, y es resistente a varias enfermedades. Planto el paquete completo para poder compartir las semillas con mis amigos y vender algunas para recuperar mis gastos.

Comemos muchos tomates cherry, y pido el Superdulce 100 F1 de Johnny. Es conocido por ser prolífico y como un dulce bocadillo, una gran combinación. Nos gusta metérnoslos en la boca cada vez que trabajamos en el jardín.

Muchos cultivan una variedad especial de pasta de tomate, pero usamos lo que tengo y los cocinamos hasta que estén bien espesos. Si quieres un tomate especial solo para pasta, prueba la variedad de pasta Amish de Johnny, que es tanto orgánica como de herencia. Puede guardar estas semillas de un año a otro.

Si no empiezo con mis semillas, termino obteniendo plantas pequeñas y establecidas de un vivero local. Me enamoro de demasiadas variedades, y me voy a casa con una mezcla de Jet Star, Early Girl, Beefeater, y … bueno, puede ver a dónde va esto. Al final del verano, mis etiquetas de plantas se han lavado o volado y no tengo ni idea de qué planta es cuál. Estoy confundido y mi familia también.

Puede ver por qué estoy a favor de un sistema acuapónico de interior, cultivando justo lo que necesito para el uso de la mesa. Es mucho más manejable, y termino con tomates todo el año.

Pimientos

Los pimientos son el segundo villano en mi jardín exterior, que está en pleno crecimiento. Nunca me conformo con un simple pimiento. Oh no. Debo tener dos variedades de pimientos, junto con los pimientos amarillos, naranjas y rojos. Luego necesito varios tipos de pimientos calientes, jalapeños y lo que no sea para las salsas.

Un jardín acuapónico de interior suele limitarme a una planta de pimienta, y escojo mi favorita. Me gusta el pimiento naranja F1 de Johnny's Gourmet para ensaladas y para comer en familia. Los cortamos en tiras para reemplazar a las papas fritas, y nos encanta su sabor dulce. En segundo lugar, está Carmen, una semilla de pimiento orgánico F1 corno di Toro. Una de nuestras mezclas de verduras favoritas son las judías verdes salteadas con tiras de pimienta y *craisins*. Esto combina bien en esa mezcla de sabores. (¡Vea las recetas en este libro!)

Calabacín

Nos encanta el calabacín y me gusta cultivarlo en interiores. Las chinches destruyen las plantas a principios de la temporada, a pesar de los múltiples esfuerzos para prevenirlas. A menudo los plantamos al aire libre después del 4 de julio, y las plantas sobreviven más tiempo que cuando se plantan en la primavera, pero aun así son víctimas de esos barrenadores que chupan savia en el transcurso del tiempo. Eliminamos implacablemente las plagas y las alimentamos a los pollos, pero eso solo retrasa el proceso.. Buscamos maniáticamente los huevos depositados debajo de las hojas y los rascamos cuidadosamente, pero aun así terminamos perdiendo nuestras plantas, y odio pagar por los calabacines en el mercado cuando los tenía en mi jardín solo unas semanas antes.

Mi mejor elección son los calabacines de verano. Ya sabes que me encanta el calabacín, y si tienes espacio limitado, una planta puede ocupar un metro mientras crece y florece. Por lo tanto, probablemente solo pueda tener una, así que elija sabiamente.

Pepinos

Estoy a favor de un pepino inglés con una piel comestible. Me gustan las variedades largas y estrechas sin semillas más que los típicos pepinos gordos que se ven en las tiendas. El Poniente orgánico de Johnny F1 es una gran elección, al igual que el Sócrates F1. Ambos son de piel fina, tienen un excelente sabor y son resistentes a las enfermedades. Además, ambos son geniales para los jardines interiores.

Si se cultiva una versión vertical y se atan las vides a medida que crece, no tiene que ocupar la mayor parte de su espacio. Utilizo pequeños enrejados para poder extender su crecimiento de ramas. He usado vallas de jardín, pero demasiados pepinos terminaron creciendo al otro lado de la valla y fueron difíciles de recoger, así que volví a un enrejado más tradicional. Son una vista tan encantadora, colgando allí e invitándose a sí mismos a almorzar.

Frijoles

Una planta de interior es maravillosa para usar en la mesa. Me encanta recoger algunos frijoles y cocinarlos al vapor para cenar, sin tener que elegir un celemín para enlatar. Una y otra vez, creo que estás viendo la ventaja de un jardín acuapónico cuando se trata de cultivar un plato de verduras. Estás mirando la calidad del producto, no el volumen.

Todavía cultivaría una variedad vertical de judías verdes sobre un arbusto, solo para hacerlo bonito y ahorrar algo de espacio, pero hay varias variedades para elegir. Johnny Jade es un excelente frijol con fruta larga y dulce que se presenta bien en un plato de verduras.

Los frijoles necesitan plantaciones sucesivas para mantener una cosecha consistente, así que téngalo en cuenta al planear su espacio. Necesitará comenzar un ciclo de plantaciones, cultivos, trasplantes y rotaciones de forma regular.

Guisantes

JARDINERÍA ACUAPÓNICA

Lo admito. No me gustan los guisantes. Para mí es una cuestión de textura, porque me encanta comerlos crudos en ensaladas y como aperitivos. Sin embargo, tanto si usted es un amante de los guisantes como si no, los guisantes son geniales para su jardín.

Si está planeando una parcela tradicional al aire libre, además de su jardín acuapónico interior, los guisantes son su nuevo mejor amigo. La planta puede ser cultivada en su jardín para alimentarla con valiosos nutrientes al final de la temporada de crecimiento, y puedes usar sus plantas de interior para una buena ventaja. Mi favorita es la Super Sugar Snap de Johnny, que está muy bien salteada con tiras de pimientos y judías verdes. También saben muy bien en ensaladas y en platos chinos.

Brócoli

Encuentro que el brócoli se adapta mejor al crecimiento en interiores que en exteriores, ya que a menudo se atornilla en mi jardín y no sirve para nada. Johnny's Eastern Magic F1 es mi variedad favorita. El beneficio adicional de cultivarlo en el interior en un jardín acuapónico es que hay menos orugas y babosas. Tampoco tiene que eliminar tantas plagas difíciles de encontrar antes de comer sus productos.

Coliflor

¿Ha mirado el precio de la coliflor en su mercado local últimamente? Debido a que sirve como un sustituto de baja glicemia para las papas, ha crecido en popularidad. Cultivarla por uno mismo es una gran alternativa a la vigilancia de las ventas. Soy un poco purista, y prefiero la variedad "Johnny's Amazing" sobre todos los tipos de plantas moradas y otros tipos inusuales.

Tenga cuidado al cultivarlo, ya que le gusta una temperatura suave de 70 grados y su pez puede encontrar eso un poco caliente. Las luces de cultivo añaden calor y no serán su mejor aliado. Tradicionalmente es un tipo de cultivo de principios de primavera o finales de otoño, pero puede adaptar sus condiciones interiores con éxito con un poco de cuidado.

Repollo

Este es otro de mis vegetales menos favoritos del jardín. Es cosechado por la cabeza, y en el fondo de la planta encuentro todo tipo de gusanos cuando comienzo a limpiar y separar las hojas. Como resultado, es perfecto para su entorno acuapónico. Solo tenga en cuenta que ocupa una buena cantidad de espacio y solo es bueno para una cosecha.

JARDINERÍA ACUAPÓNICA

Resumen del capítulo

No se necesita un enorme jardín acuapónico para disfrutar de estos grandes y deliciosos vegetales durante todo el año. Mi mejor elección es el tomate, pero usted tiene muchas opciones.

- Un plato de vegetales sugiere varios tipos de plantas. Crece una o dos de cada una.
- Elija aquellos que pueda cultivar dentro de sus propios límites espaciales. Tiene muchas opciones:
    - Tomates
    - Pimientos
    - Calabaza
    - Pepinos
    - Frijoles
    - Guisantes
    - Coliflor
    - Repollo

Una vez que haya decidido *qué* cultivar, tiene que decidir *cómo empezar a cultivarlo*. En el próximo capítulo, exploraremos las formas de establecer su jardín.

JARDINERÍA ACUAPÓNICA

CAPÍTULO TRECE

¿CÓMO EMPIEZO A CULTIVAR PLANTAS?

A estas alturas, probablemente ya está preparando para comenzar, pero sigue preguntándose: "¿Cómo diablos puedo empezar?" Esta es una pregunta legítima. Para los que hemos hecho jardinería en el patio trasero, sabemos exactamente qué hacer: esparcir algunas semillas, cubrirlas con tierra, mantenerlas húmedas, y ¡listo! Aparecen las plantas.

En un jardín acuapónico, las cosas son un poco diferentes. Revisaré tres formas y le dejaré que descubra la mejor opción para su situación. Darse cuenta de que no hay una sola manera correcta.

En primer lugar, puede propagar las plantas de semillero como siempre lo ha hecho, comenzando en la tierra de las macetas. Si elige este método, preste atención a las instrucciones. La lechuga debe cubrirse con un cuarto de pulgada de tierra. Deje que sus plántulas crezcan allí por lo menos hasta que las segundas hojas (las verdaderas

JARDINERÍA ACUAPÓNICA

hojas) salgan. Levántelas suavemente de la tierra y enjuague los desechos que puedan obstruir los filtros del tanque. Sumerja las raíces del bebé en un polvo o solución estimulante de raíces y plántelas con cuidado en su medio de crecimiento. Probablemente optaría por dejarlas más tiempo y asegurarse de que son resistentes antes de trasplantarlas. Tengan cuidado de *no tocar los tallos en el proceso*. He cometido ese error y nunca termina bien.

Una segunda forma implica tomar esquejes o clonaciones, e insertarlos directamente en el medio de crecimiento. Tanto la albahaca como la menta funcionan bien con este método. Los principios generales incluyen el uso de un cuchillo muy afilado y el corte en ángulo. Sumergir el extremo del corte en polvo de raíz e insertarlo en el medio de crecimiento. Vigilen que despegue, y no se impacienten. Mientras sus hojas no se hayan marchitado y muerto, todavía hay esperanza.

Algunas plantas pueden propagarse a partir de sus padres. La escarola, por ejemplo, es fácil de hacer. Cortar la parte inferior de una cabeza de escarola, y ponerla en agua. Nuevas plantas crecerán desde la base, y puede trasplantar estos esquejes en su medio de crecimiento. Encuentro esto más una rareza de conversación que una forma viable de cultivar mis vegetales. En mi experiencia, la nueva cabeza de la Romana es más pequeña y ocupa todo el espacio de crecimiento de una planta de tamaño completo. Sin embargo, los niños disfrutan viendo el proceso, así que, si los tiene, ¡adelante!

Otra forma popular, especialmente para los nuevos jardineros, es comprar plantas de inicio en un vivero local. Esta es la tercera forma de adquirir plantas. Antes de que te rindas y hagas eso, sin embargo, date una oportunidad. Me gusta tomar una toalla de papel mojada, echar semillas de lechuga en ella, doblarla y pegarla en un lugar fresco y oscuro durante unos días. Cuando los pequeños bebés germinan, los sumerjo en una solución de raíces y los pongo en el medio de crecimiento.

Soy un cultivador de semillas, y todavía me dedico a acumular plantas para cualquier tipo de jardín. Examino los catálogos de semillas y ordeno mis semillas antes de Navidad. En enero las empiezo en bandejas de tierra o bandejas de tapón. Las mantengo en la oscuridad hasta que aparecen las primeras hojas, y luego agrego luces de crecimiento. Cuando aparecen las primeras hojas verdaderas, la tercera y cuarta hojas de la planta, las trasplanto a un lugar que pueden llamar hogar durante un par de meses. Junte el crecimiento para hacer una planta más tupida. Pasen sus manos sobre las plántulas de tomate para estimular los tallos más fuertes.

Las mantengo regadas y rara vez necesito agregar fertilizantes antes de plantarlas o venderlas. En la jardinería acuapónica, es importante tener un sistema de raíces fuerte antes de moverlas a un lecho de cultivo.

JARDINERÍA ACUAPÓNICA

Como antes, recuerde que debe lavar suavemente la suciedad y desea que las raíces sean lo suficientemente fuertes como para manejar un poco de manipulación.

Algunos cultivadores acuapónicos hablan de la emisión de semillas directamente sobre el medio de crecimiento, y de la simple colocación de una capa de guijarros sobre las semillas. Personalmente, yo no he hecho eso. Suena fácil, pero soy de la vieja escuela y un poco sospechoso.

JARDINERÍA ACUAPÓNICA

Resumen del capítulo

El cultivo de sus plantas es la segunda mitad de la aventura acuapónica. Es mi parte favorita.

- Decidir cómo quiere conseguir o cultivar sus plantas. Si eres nuevo en los jardines, obtener plantas de un vivero es la ruta más rápida y fácil de hacer.

- Comenzar las plantas a partir de las semillas lleva tiempo. No espere una gratificación inmediata.

En el próximo capítulo, aprenderá a mantener todo su trabajo duro vivo y en crecimiento.

JARDINERÍA ACUAPÓNICA

CAPÍTULO CATORCE

MANTENIMIENTO Y PREVENCIÓN DE PLAGAS

En primer lugar, tenga en cuenta que la mayoría de los problemas que se encuentran en los jardines tradicionales se eliminarán sin el suelo. ¿Por qué cree que los agricultores rotaron los cultivos durante tantos años? Esto es especialmente cierto cuando se trata de cultivar vegetales.

Los gusanos y las babosas son repugnantes. Punto. Ya no será necesario espolvorear tierra de diatomeas sobre el suelo para desalentar a los moluscos. Las enfermedades fúngicas y bacterianas que se propagan en el suelo ya no serán un problema. (Es útil poner un collar de papel alrededor de las plántulas de lechuga para mantener a las orugas a raya, pero con la jardinería acuapónica no tienes que preocuparte por nada de eso). ¡Aleluya!

Ahora puede dejar de preocuparse, aunque tiene otras cosas de las que preocuparte. Su jardín acuapónico es un acto de equilibrio. Necesita un equilibrio entre el número de peces que tiene, la superficie de su biofiltro, y el número de plantas que crecen. Su éxito estará determinado por la forma en que regule ese equilibrio y mantenga un ambiente saludable.

Piense en su pez en un lado de un patio de juegos tambaleándose. Sus plantas están en el otro. El rayo entre los dos es tu biofiltro con sus bacterias que convierten el amoníaco en nitratos. Una superficie demasiado pequeña significa que no hay suficientes bacterias, lo que significa que no hay suficiente fertilizante para que crezcan las plantas, lo que lleva a la toxicidad del amoníaco, matando a los peces. Por otro lado, si se almacenan demasiados peces o se los alimenta demasiado, sus desechos pueden no ser manejados por el biofiltro en su lugar y eso también puede causar toxicidad por amoníaco. Si hay demasiadas plantas y no hay suficientes peces, los peces pueden estar bien, pero las plantas no prosperarán. Es un ecosistema vivo y usted está a cargo.

Antes de enloquecer, recuerda: tiene dispositivos de medición para mantener las cosas bajo control. Solo tienes que saber lo que significan sus lecturas y cómo usarlas para ajustar su sistema.

Hablemos de tres medidas:

- Balance de nitrógeno: El aumento de los niveles de amoníaco o nitrito sugiere que tiene un problema con su biofiltro. Necesita una mayor superficie para cultivar bacterias. Si su nivel de nitrato es bajo, o bien tiene demasiadas plantas o no tiene suficientes peces.

- El equilibrio de la comida: La proporción de alimentos para las verduras de hoja es de 40-50 g/m2/día. Las verduras frutales, como los tomates, requieren 50-80 g/m2/día.

- Evaluaciones de salud: Cada día, al alimentar a los peces y controlar su sistema, busque los signos de enfermedad. Los peces o plantas muertas son síntomas de un sistema fuera de control.

Uno de los problemas contra los que debe protegerse es el moho. Hablemos sobre qué es y qué no es el moho. La calcificación blanca que a veces se ve en el lecho de crecimiento no es moho. Las hebras verdes son **algas**, no moho. Busca en el glosario métodos para prevenir la formación de algas, porque esto podría ser un asesino para tu sistema también, aunque no matará sus plantas ni se propagará de la misma manera que el moho.

El moho es un patógeno oportunista que crece a partir de esporas. Un tipo es el oídio que aparece en las hojas como manchas blancas. Un problema más serio es el moho blanco, que se ve borroso y puede crecer hasta proporciones alarmantes si no se controla. En la primera detección, puede parecer una inofensiva mancha de pelusa blanca, pero puede convertirse en cancros y destruir las raíces de su planta.

JARDINERÍA ACUAPÓNICA

El moho se desarrolla debido a la contaminación. Se introduce una espora en su sistema. Las condiciones cálidas y húmedas son favorables para su crecimiento, hasta que sobrecarga su sistema. Mantenga un sistema bien ventilado para el aire en movimiento y no deje agua estancada en sus bandejas.

Retire las hojas infectadas inmediatamente. Puede lavarlas con peróxido de hidrógeno para ayudar a prevenir la propagación. También puedes introducir bacterias beneficiosas como el Bacillus A. Una forma de eliminar el moho es el uso de un fungicida. El aerosol para el control del moho del jardín Serenade es un fungicida de amplio espectro.

Sin embargo, el moho no es lo único que matará a sus plantas. También hay una gran cantidad de plagas que pueden atacar sus plantas. Tiene una ventaja si cultivas sus plantas en el interior, pero los insectos siempre parecen encontrar un camino a su jardín. Su primera defensa es una planta saludable. Una planta sin estrés tiene altos niveles de fósforo en sus células, y eso repele algunos insectos. Pero date cuenta de antemano que estás armando un sistema artificial, y que es vulnerable a los daños de los insectos.

Una forma saludable de librar a su jardín de insectos no deseados es capturarlos usando una trampa de feromonas. Son específicas para el insecto, por lo que un tipo de trampa no solucionará todo tipo de problemas.

JARDINERÍA ACUAPÓNICA

Piensa en ello como una trampa de pegamento que recoge a los huéspedes no deseados, solo que esta trampa realmente los atrae. Tengan cuidado en su uso. Necesitará mantenerlas alejadas de los niños y las mascotas, y tendrá que lavarse las manos después de usarlas. Si la trampa está hecha para ser usada en el exterior, no intente usarla en el interior. Lea todas las etiquetas del producto antes de intentar usar una.

Otra forma es eliminar manualmente las plagas ofensivas. La mosca blanca del repollo vive en el envés de las hojas. Eliminarlas ayudará a reducir las poblaciones, porque producen de 10 a 12 generaciones al año. Puede alimentar a sus peces, que aman un buen bocado de proteínas. También puedes dejarlos caer en un frasco de agua jabonosa y eliminarlos. La clave es quitarlos inmediatamente antes de que tengan la oportunidad de reproducirse. Otro espray orgánico es el BotaniGuard. Para las moscas blancas, rocíalo directamente sobre las plantas o bajo las hojas. Para los pulgones, rocíalo en el medio de cultivo. Puede requerir múltiples aplicaciones para eliminar las plagas, y puede usarlo semanalmente después para prevenir más problemas.

Los *trips* son insectos diminutos que succionan los jugos de las hojas de las plantas, pero también son portadores de virus de las plantas. Tan grandes como el ancho de una aguja de coser, son difíciles de ver. Esto será un problema mayor si su jardín está al aire libre, ya que el

JARDINERÍA ACUAPÓNICA

insecto maduro pasa el invierno entre los restos de plantas y la corteza. Pone sus huevos a principios de la primavera, y puede producir hasta quince generaciones por año. Los *trips* se verán como pequeñas astillas a menos que uses una lupa, y entonces prepárate para el shock de ver un pequeño animal con brazos y pinzas comiendo en tus hojas. Se verá más fácilmente el daño en las manchas plateadas y blancas de las hojas de las plantas. Si no se trata, es más probable que vea un virus que cause algún tipo de marchitez en sus plantas maduras. Puedes deshacerte de ellas, pero eso puede no ser lo suficientemente agresivo si estás viendo una infestación.

Si su jardín acuático está fuera, deshágase de las malas hierbas y la vegetación que les proporciona un lugar para vivir. Introduce insectos beneficiosos en tu jardín, cosas como bichos piratas, mariquitas o encajes. Vigila tus plantas y quita las hojas enfermas. Puedes usar trampas pegajosas para atraparlos manualmente. Como no puedes emplear un insecticida sin afectar a sus peces, considera usar un producto seguro como el *aceite de neem* para tratarlos.

El *aceite de neem* es un disuasivo seguro y natural para los trips. Se extrae del árbol de neem, cultivado en la India, y contiene propiedades insecticidas y antimicóticas naturales. A menudo se ingiere por sus propiedades medicinales, pero la EPA lo consideró seguro para su uso en la agricultura. No hay ninguna advertencia para los residuos con la aplicación repetida. Puede utilizarse en las hojas de las plantas sin temor a afectar a los peces.

Todo esto se hace más difícil debido a su ecosistema. Debe aprender a detectar y eliminar las plagas sin envenenar el agua. También puede hacer su propio espray orgánico, pero tenga cuidado. Lo que use debe ser bueno para los peces, así como para las plantas. Los aerosoles más naturales que pueda hacer usted mismo. Use aerosoles de chile o ajo para insectos chupadores de savia. Para el moho o los hongos, puede rociar una solución de bicarbonato de potasio.

JARDINERÍA ACUAPÓNICA

Resumen del capítulo

Un jardín acuapónico tiene enemigos naturales, y atacan a voluntad. Desde esporas unicelulares hasta insectos que amenazan con la aniquilación de las plantas, debe estar preparado para lo peor.

- Las plantas saludables son su mayor defensa.
- Vigilar los problemas y ser proactivos en su solución.
- Tenga cuidado de no causar un problema en la resolución de uno. Utiliza métodos orgánicos favorables a los peces para desalentar el crecimiento no deseado.

En el próximo capítulo, aprenderá cómo tomar lo que ha aprendido y convertirlo en un negocio. Ha realizado una inversión, veamos un rendimiento en forma de ganancias.

CAPÍTULO QUINCE

APLICACIONES COMERCIALES DE LA JARDINERÍA ACUAPÓNICA

Por mucho que le gusten los productos orgánicos para su propia mesa, no pase por alto la posibilidad de invertir un poco de dinero, o mucho, en vender lo que cultiva. Como amante de los mercados de los agricultores, tanto como consumidor como vendedor, hay una gran satisfacción en el proceso de hacer dinero de lo que amas.

Comience por decidir qué cultiva mejor. Para nosotros, eran verduras más que pescado. Nuestra configuración era demasiado pequeña para procesar eficientemente los peces en una escala lo suficientemente grande como para que la acuicultura sea rentable. Sin embargo, la capacidad de crecer más en un espacio más pequeño valió la pena. Nos centramos en las verduras de lechuga, principalmente micro verduras.

El siguiente paso es encontrar su mercado. Teníamos la fantasía de encontrar restaurantes y tiendas de comestibles que contrataran con nosotros para las entregas regulares de nuestros productos. Eso no ocurrió. Las agroindustrias ya tenían contratos o proveían sus propias necesidades, e irrumpir en ese mercado mientras las verduras se estropeaban no era una opción.

Para nosotros, el mercado de granjeros era la forma más fácil de llevar nuestros productos al mercado. Pagábamos una pequeña cantidad por un puesto semanal, y una vez que los compradores se enteraban de lo que teníamos, disfrutábamos de sus visitas semanales. Nos encantaba.

Nuestra mejor cosecha fue la de los vegetales de hoja, específicamente **los micro verdes,** usados en ensaladas. Empezamos con el *mesclun*, una ensalada en un paquete de semillas con dos o tres verdes diferentes en la mezcla. Con el tiempo, nos sentimos cómodos ordenando nuestras propias combinaciones de verduras y nunca nos decepcionaron.

Puede comenzar a cosechar las plantas cuando midan entre dos y tres pulgadas de alto y tengan hojas bien definidas. Si arranca las hojas, asegúrese de cosechar la planta antes de que se enrosque (formando semillas), ya que las hojas se volverán amargas. Coseche temprano en la mañana de la entrega para asegurar la frescura. Para el Mercado de la Fama, combinamos plantas y/o hojas en bolsas de plástico de un cuarto de galón. Se vendieron rápidamente y generaron un gran retorno.

Tengan en cuenta que los micro verdes germinan en la mitad del tiempo que la lechuga regular, así que comiencen a plantar sus plantas de lechuga antes. Todas germinan en el suelo a 50-65 grados de temperatura, así que asegúrate de combinar un pez más fresco con este cultivo.

La rúcula es muy popular y les da un cierto sabor a las ensaladas. Nos decidimos por una proporción de 1:5. Por cada cinco variedades de lechuga regular, cultivamos una rúcula. El comprador promedio que pruebe la rúcula levantará la nariz, pero si la prueba dentro de una ensalada, le encantará la forma en que afina el sabor general.

Una parte de nuestra mezcla siempre fue endibia (prima de la escarola de la ciudad). Es muy atractiva en una ensalada, por su color verde intenso y sus hojas arrugadas. Esta lechuga tiene un pequeño mordisco y complementa la rúcula sin ser dominada por ella.

Un tercer micro verde en la mezcla era el berro de jardín. Tiene un sabor suave y puede cultivar tanto la variedad de hoja ancha como la rizada para añadirla al plato de ensalada.

Una de las mezclas siempre fue una lechuga romana. Lleva el doble de tiempo para germinar que los micro verdes, y necesita tener hojas más grandes para cosechar,

JARDINERÍA ACUAPÓNICA

así que planifique su calendario en consecuencia. Nos gusta arrancar hojas individuales en lugar de tratar de cosechar cabezas enteras.

Lo último que nos queda es una lechuga rubí, por el color y la textura. Encontrará muchas variedades, y nos encantan todas. En cada ensalada de jardín que vendimos, fue la lechuga rubí la que hizo girar las cabezas y abrió los bolsillos.

Una instalación más pequeña también puede acomodar a la col rizada. No lo deje fuera de sus planes. Los entusiastas de la salud la piden a gritos e incluso los escépticos más acérrimos la probarán si incluye una receta, y estarán encantados de volver por más.

Aprenda a escalonar sus cultivos. La mayoría de sus verduras pueden ser plantadas cada tres semanas para asegurar una cosecha continua. ¿Cómo se traduce esto en beneficios? Puede esperar entre 15 y 20 dólares por metro cuadrado de jardinería acuapónica. Recuerde que puede cultivar plantas densas por metro cuadrado, ya que las raíces no se extienden por el suelo y necesitan todo ese espacio para absorber los nutrientes.

No vendimos muchas hierbas cosechadas, y por una buena razón. Por un lado, una vez cosechadas, su vida útil es muy limitada. Segundo, no mucha gente está acostumbrada a cocinar con hierbas frescas. Por comodidad y economía, la mayoría compra hierbas secas en sus supermercados locales y se conforman con eso.

JARDINERÍA ACUAPÓNICA

La jardinería acuapónica es de lejos la forma más productiva de ganar algo de dinero con tu jardín. Disfrútelo como una afición y deje que crezca naturalmente hasta convertirse en una empresa comercial. Cuando esté listo para la transición, tendrá que elaborar un plan de negocios con un estado financiero que incluya tu flujo de caja, el costo de ampliar su empresa y cómo planea comercializar sus productos. Muchos limitan sus empresas a una o dos cosechas y las comercializan como artículos de especialidad. Esto elimina la necesidad de satisfacer tantas necesidades diferentes de hortalizas grandes y pequeñas, y algunos artículos ofrecen mayores rendimientos que otros. Haga su investigación y decida exactamente lo que quiere vender y cómo venderlo.

Asegúrese de solicitar y obtener su certificación para productos de cultivo orgánico. Esto significa semillas orgánicas, y no pesticidas, químicos o fertilizantes artificiales. Esto es fácil cuando su jardín es acuapónico.

Busque una licencia de negocio y asegúrese de tener una cuenta bancaria para fondos dedicados. Registrar su negocio legalmente hace que sea más fácil llevarlo a cabo sin problemas más adelante. No importa dónde viva, habrá estatutos que regulen el cultivo o la venta de sus productos. Conocer esas leyes y cumplirlas le ahorrará grandes gastos y dolores de cabeza más adelante.

Para hacer de esto una empresa rentable, necesita llevar

un registro de sus costos:

Salida	Costo
Plantas	
Plantas	
Plantas	
Plantas	
Plantas	
Honorarios de los vendedores	
Costos de utilidad/mantenimiento	
Costos totales	
Ventas	
Conclusión (restar las ventas de los costos)	

Mantenga un registro de sus costos de construcción y extrapolarlos durante un período de dos o tres temporadas para determinar la rentabilidad final. Necesita recuperar sus costos, pero no tiene que ser en un año. Su sistema durará mucho tiempo, y lo estará depreciando en sus impuestos a lo largo de diez años, así que prorratee su inversión inicial en ese mismo período de tiempo.

Como con cualquier negocio, establezca contactos con

su comunidad. Únase a una cámara de comercio local. Habla con otros jardineros. Nunca sabes de dónde vendrá su próxima gran ventaja, así que no se límite. Puede aprender tanto de sus compradores potenciales como de otros productores. Conozca a sus clientes. No olvide que la escasez de los grandes verdes en los meses de invierno es como dinero en el banco para usted. Tener un sistema productivo como los granjeros locales son arrastrados por las frígidas temperaturas o las tormentas de nieve es una ventaja para usted.

Por último, pero no por ello menos importante, considere la posibilidad de adoptar un modelo como el de la iniciativa del tipo Agricultura con Apoyo Comunitario (CSA). Los clientes locales compran partes de sus productos en la etapa de plantación. A cambio, pueden participar en la toma de decisiones sobre qué cultivar y también ganar un porcentaje de la cosecha. Disfrutan de la ganancia del dinero invertido y reducen el riesgo de pérdida. Disfrutan de los productos frescos sin hacer nada del trabajo de cultivo. Esta es una situación en la que todos ganan.

Prepárese para explicar los beneficios de su plan de negocios:

- Los productos cultivados y vendidos localmente reducen las millas de comida. Este es un término que describe la distancia que ha recorrido la comida desde la cosecha hasta el estante del mercado. Los productos cultivados localmente usan menos gasolina, reduciendo la dependencia de los mercados externos y de los combustibles fósiles.

- Fomenta las empresas locales. Utilizando prácticas sostenibles y obteniendo la certificación orgánica, se demuestra un modelo que otros pueden emular.

- Promueve la integridad genética. El cultivo de semillas orgánicas, especialmente las semillas de reliquia, preserva la diversidad de nuestros productos.

- Mantiene el dinero local dentro de la comunidad.

- Reduce el costo de los alimentos para la comunidad. Los alimentos cultivados localmente generan menos gastos generales y pueden ser comercializados con ahorros para las familias locales.

- Forma alianzas con otras pequeñas empresas, en particular restaurantes. En el proceso, todos se benefician del aumento de la conectividad.

- Reúne a las familias y a las comunidades. La comida es un gran clima para la conversación y la amistad.

Sea realista y sepa lo que dirán los críticos antes de presentar su idea y buscar apoyo financiero. Dependiendo de su ingenio e ingeniosidad, puede ser costoso establecer un sistema lo suficientemente grande para ganar un salario adecuado. Algunas empresas comerciales de gran escala oscilan entre los 2000 y los

10.000 dólares para su inversión inicial. Alguien en algún lugar sugerirá esto, y usted necesita una explicación sólida de por qué su sistema no será tan caro.

Acuapónica utiliza mucha energía, así que toma en cuenta ese costo en su plan de negocios. ¿Tiene alguna alternativa energética que pueda utilizar? ¿Qué hará cuando se corte la energía?

Un jardín acuapónico no es portátil. ¿Qué hará si necesita moverlo en algún momento? Eso, y la jardinería acuapónica necesita un mantenimiento diario. ¿Eres una persona que cumple con sus compromisos? Un jardín acuapónico requiere que conozcas a tus peces y tu comida íntimamente, ¿no es así? No estoy tratando de ser duro aquí, solo realista. Cualquier banquero al que le pidan 5.000 dólares para empezar su negocio se hará las mismas preguntas.

Cuando tenga su esquema comercial y pueda responder cualquier bola curva con una respuesta inteligente, estará listo para expandir su pasatiempo a las grandes ligas.

JARDINERÍA ACUAPÓNICA

Resumen del capítulo

Un jardín acuapónico es ideal para una empresa comercial. Es capaz de cultivar un cultivo más denso y cosechar productos orgánicos fácilmente.

- El cultivo más fácil para un jardinero aficionado es una mezcla de lechuga.

- Lleve un registro de los costos para ver si esta es una empresa rentable para usted.

- Desarrolle un plan de negocios si quiere expandir esto a un negocio de tiempo completo.

En el próximo capítulo, aprenderá a preparar algunos de los alimentos a los que quizás no esté acostumbrado en este momento. Siempre es bueno salivar (Ups, quise decir soñar) sobre la buena comida que viene en camino.

JARDINERÍA ACUAPÓNICA

JARDINERÍA ACUAPÓNICA

CAPÍTULO DIECISÉIS
REALICE UNA GRAN COMIDA

Ningún libro de jardinería acuapónico estaría completo sin la promesa de una comida maravillosa y recetas tentadoras. Asumiendo que no está cultivando orquídeas y rosas, puede estar interesado en el aspecto práctico de la alimentación de usted y su familia. Hay algo innatamente saludable en la comida recién cultivada, y mi esperanza es inspirarle a probar su mano.

Los alimentos frescos ofrecen varios beneficios.

- En primer lugar, los vegetales frescos contienen todas las vitaminas y minerales que se supone que deben tener como potenciadores de la alimentación de la naturaleza. Las verduras recuperadas de las latas pierden gran parte de su vitalidad innata en el proceso de conservación y en el proceso de cocción. Incluso comer verduras sanas compradas en un mercado local resulta en la disminución de los valores nutricionales con cada hora que pasa en tránsito y en el mercado. Por esta razón, es más saludable cultivar y recoger las propias mientras se prepara la cena.

- Los alimentos recogidos antes de sus fechas normales de cosecha para ser entregados a los mercados locales pierden mucho de su sabor en la conservación o en la cosecha temprana. En resumen, los alimentos recién cultivados son simplemente deliciosos.

- Sus productos estarán libres de conservantes y pesticidas.

- Su comida construirá puentes y recuerdos dentro de la familia y la comunidad. La gente recuerda sentarse alrededor de una mesa, visitar y compartir recetas. Construya la vida que quiera vivir.

Gran parte de los productos de su jardín pueden ser ahorrados para su consumo en el invierno. Los vegetales de raíz pueden ser almacenados en un lugar fresco y seco y complementados con hierbas frescas. Esto reduce las facturas de la tienda de comestibles y proporciona una buena variedad a los vegetales frescos que está cultivando en su jardín acuapónico.

Puedes ampliar sus comidas con trozos de lo que cultivas. Añada vegetales adicionales para aumentar el volumen de su menú, mientras incrementas su valor nutritivo. Las sobras de tomates y pimientos son excelentes en las tortillas. Los trozos de verduras saben muy bien en sopas o alimentos. Cocino más tomates en la salsa y la congelo si no estoy haciendo espaguetis o algún otro plato italiano de inmediato.

Se ahorra mucho cuando se cultivan y se utilizan los productos propios. Aquí hay algunas recetas que me gustaría compartir con ustedes. Representan muchas comidas en nuestra mesa, y espero que también las disfruten.

JARDINERÍA ACUAPÓNICA

Ensalada simple con vinagreta

Lechuga verde
2 rebanadas de tocino, cortadas en pequeños trozos

Vinagreta

1 cucharada de mostaza de Dijon

Salpicadura de vino blanco seco

¼ taza de vinagre (balsámico, de nuez, etc.)

¼ taza de aceite vegetal

½ taza de aceite de oliva extra virgen

1 cucharada de crema

1. Prepare su ensaladera de verduras mixtas, cortando trozos grandes en bocados del tamaño de un bocado.
2. Saltee el tocino en una sartén caliente con un chorro de aceite de oliva.
3. Licue la mostaza con un chorrito de vino blanco seco en un pequeño tazón.
4. Bata el aceite vegetal en tu mostaza.
5. Bata en el aceite de oliva cuando la mostaza haya sido emulsionada. (El aceite de oliva se vuelve amargo cuando se bate.)
6. Añada crema al final.

Combine sus verduras con los trozos de tocino, vierta la vinagreta encima y tira.

JARDINERÍA ACUAPÓNICA

Vinagres de hierbas

- Usa cualquier sabor de vinagre que prefieras. Una buena sidra de manzana, vino tinto o vinagre balsámico son mis favoritos. Los vinagres de sidra de manzana se casan bien con infusiones de fruta, mientras que un buen vinagre balsámico o de vino tinto complementa los sabores más fuertes.

- Usar dos o tres ramitas de hierbas frescas...

1. Coloque dos tazas de vinagre en un frasco de lata de un cuarto de galón estéril.
2. Añada 2-3 ramitas de hierbas frescas. Me encanta la combinación de albahaca, romero y tomillo.
3. Coloque un cuadrado de papel encerado sobre la parte superior y séllelo con un anillo.
4. Agite y deje que desarrolle un rico sabor durante un mes. Agite de vez en cuando. El vinagre corroerá el sello del frasco, así que asegúrese de mantener el papel encerado en su lugar.

Pesto

2 tazas de albahaca
2 dientes de ajo
¼ taza de piñones
⅔ tazas de aceite de oliva extra virgen
sal y pimienta

Coloque todos los ingredientes en una licuadora y licué hasta que esté suave.

JARDINERÍA ACUAPÓNICA

Usa el pesto para adornar la pasta o el pescado cocido.

Salsa

Tomates picados

1 mango pelado y picado

1 aguacate pelado y cortado en cubos

½ taza de cilantro fresco picado

½ taza de frijoles negros enjuagados

½ taza de cebolla roja picada

3 o 4 pimientos de jalapeño pelados y picados (usar guantes)

3 cucharadas de jugo de limón recién exprimido

1 cucharada de aceite de oliva extra virgen

2 dientes de ajo picado

½ cucharadita de sal.

Mezcle todos los ingredientes en un tazón. Observo los tomates y lo pruebo hasta que tenga la proporción correcta. Déjelo enfriar antes de usarlo como guarnición o servir con papas fritas.

Plato de vegetales salteados

Porciones iguales de zanahorias en rodajas, judías verdes enteras, pimientos de colores, cebolla...

Salpicar aceite de oliva extra virgen

Salpicar vino blanco seco

Salpicadura de vinagre balsámico

JARDINERÍA ACUAPÓNICA

Puñado de arándanos secos

Un puñado de almendras en rodajas

1 cucharada de mantequilla

1. Caliente una sartén grande y luego derrite la mantequilla. Añada las almendras y tuéstelas ligeramente. Quite las nueces y vuelve a poner la sartén en la estufa.
2. Caliente su sartén una vez más y añada su aceite de oliva.
3. Cuando el aceite empiece a fluir como el agua, añada sus verduras en rodajas.
4. Dore las verduras, luego revuélvalas y deje que queden crujientes por los bordes.
5. Añada el vino blanco; rasca los pedacitos de la sartén.
6. Añada las pasas y déjalas calentar hasta que estén suaves.
7. Añada las almendras. Revuelva ligeramente y vierta la mezcla en un recipiente de servir.

Vegetales a la parrilla flameada

A nuestra familia le encanta reunirse al aire libre en primavera, verano y otoño. A menudo tiramos un tazón de verduras a la parrilla, y si queremos ser formales, las ensartamos en brochetas. Recuerden que las brochetas de madera deben ser remojadas en agua para evitar que se incendien. ¡Ya cometí ese error una vez antes! Normalmente las pongo en una cesta de parrilla y las pongo directamente sobre la parrilla.

JARDINERÍA ACUAPÓNICA

Aquí está mi ramo de productos a la parrilla.

Ajo: 30 minutos para una cabeza entera. Poner el bulbo de ajo en papel de aluminio y rociar con aceite de oliva extra virgen y un poco de sal... Envuélvalo en papel de aluminio y pellizque la parte superior cerrada.

Cebollas: 25 minutos. Pélelas y córtelas en cuartos.

Pimientos: 20 minutos. Corte en mitades o cuartos y quitar las semillas.

Papas: 15 minutos. Corte en trozos de ¼ pulgadas. Hierva un par de minutos. Escúrralas y cubrirlas con aceite de oliva extra virgen, salpicarlas con sal y pimienta.

Judías verdes: 10 minutos. Quite las puntas.

Calabaza: 10 minutos. Corte en grandes trozos.

Lechuga: de 5 a 10 minutos. Un cabeza de Romaine funciona bien. Quémelo ligeramente, pero no la cocine hasta el final.

Tomates: 5 minutos. Córtelos en trozos o en cuartos.

Sus verduras estarán tiernas con el tenedor cuando estén listas.

Sopa de Minestrone fresca de jardín

Hierva un ramo de frijoles secos. Me gusta una combinación de judías marinas y judías pintas. Cuézalos

JARDINERÍA ACUAPÓNICA

Puñado de arándanos secos

Un puñado de almendras en rodajas

1 cucharada de mantequilla

1. Caliente una sartén grande y luego derrite la mantequilla. Añada las almendras y tuéstelas ligeramente. Quite las nueces y vuelve a poner la sartén en la estufa.
2. Caliente su sartén una vez más y añada su aceite de oliva.
3. Cuando el aceite empiece a fluir como el agua, añada sus verduras en rodajas.
4. Dore las verduras, luego revuélvalas y deje que queden crujientes por los bordes.
5. Añada el vino blanco; rasca los pedacitos de la sartén.
6. Añada las pasas y déjalas calentar hasta que estén suaves.
7. Añada las almendras. Revuelva ligeramente y vierta la mezcla en un recipiente de servir.

Vegetales a la parrilla flameada

A nuestra familia le encanta reunirse al aire libre en primavera, verano y otoño. A menudo tiramos un tazón de verduras a la parrilla, y si queremos ser formales, las ensartamos en brochetas. Recuerden que las brochetas de madera deben ser remojadas en agua para evitar que se incendien. ¡Ya cometí ese error una vez antes! Normalmente las pongo en una cesta de parrilla y las pongo directamente sobre la parrilla.

JARDINERÍA ACUAPÓNICA

Aquí está mi ramo de productos a la parrilla.

Ajo: 30 minutos para una cabeza entera. Poner el bulbo de ajo en papel de aluminio y rociar con aceite de oliva extra virgen y un poco de sal... Envuélvalo en papel de aluminio y pellizque la parte superior cerrada.

Cebollas: 25 minutos. Pélelas y córtelas en cuartos.

Pimientos: 20 minutos. Corte en mitades o cuartos y quitar las semillas.

Papas: 15 minutos. Corte en trozos de ¼ pulgadas. Hierva un par de minutos. Escúrralas y cubrirlas con aceite de oliva extra virgen, salpicarlas con sal y pimienta.

Judías verdes: 10 minutos. Quite las puntas.

Calabaza: 10 minutos. Corte en grandes trozos.

Lechuga: de 5 a 10 minutos. Un cabeza de Romaine funciona bien. Quémelo ligeramente, pero no la cocine hasta el final.

Tomates: 5 minutos. Córtelos en trozos o en cuartos.

Sus verduras estarán tiernas con el tenedor cuando estén listas.

Sopa de Minestrone fresca de jardín

Hierva un ramo de frijoles secos. Me gusta una combinación de judías marinas y judías pintas. Cuézalos

JARDINERÍA ACUAPÓNICA

a fuego lento en cuatro cuartos de galón de caldo de verduras o de pollo durante una o dos horas. Escurra los frijoles en un colador y enjuáguelos. (Sé que perderás tus vitaminas B al enjuagarlas, pero también perderás el gas, y tu familia te lo agradecerá.) Añade tus frijoles recién pelados y cocínalos durante una hora más o menos, hasta que todos los frijoles estén tiernos. Normalmente pienso que unas cuatro o cinco tazas de frijoles cocidos son una buena base. Colóquenlos a un lado en un tazón.

Ingredientes de la sopa:

3 cucharadas de mantequilla

4 cebollas grandes picadas

10 dientes de ajo, finamente picados

1 pimienta ligeramente picante o sabrosa, finamente picada

2 pimientos dulces picados

6 a 8 tomates grandes, picados, con jugos

½ taza de vino blanco seco

1 taza de zanahorias cortadas en cubitos

2 tazas de granos de maíz

3 tazas de pasta cocida a elegir

3 tazas de col rizada

Ramo de condimentos:

2 cucharaditas de salchichas

1 cucharadita de orégano

½ cucharadita de romero

½ cucharadita de tomillo

sal y pimienta al gusto

1. Derrita la mantequilla en una sartén grande y saltee la cebolla y el ajo. Agregue los pimientos y cocine hasta que todas las verduras estén suaves.
2. Añada el vino blanco, revolviendo todos los trocitos crujientes de verduras.
3. Añada los tomates y aumenta el calor, revolviendo, reduciendo la mezcla durante unos cinco minutos.
4. Mueva su mezcla salteada en la olla de frijoles. Añade todos tus condimentos.
5. Agregue el resto de sus verduras, y la pasta cocida. Déjelos hervir a fuego lento durante unos 20 minutos, mezclando todos esos sabores deliciosos.
6. Pique su col y añádala los últimos cinco minutos antes de servir.
7. Adorne con perejil de hoja plana picado y albahaca.

Pescado cubierto

Pescado

3 libras de filetes de pescado

2 cucharadas de mantequilla

1 cebolla, pelada y picada

JARDINERÍA ACUAPÓNICA

1 diente de ajo picado
1 cucharada de caldo de pollo o pasta de pescado
1 cucharadita de pimienta negra
¼ taza de vino blanco seco

Relleno
2 palitos de mantequilla
1 ¼ taza de harina
3 tazas de caldo de pollo caliente
1 taza de crema calentada
pequeño puñado de hojas de tomillo trituradas
2 zanahorias grandes cortadas en rodajas y cocinadas hasta que estén tiernas.
1 taza de guisantes

Corteza
2 tazas de harina tamizada
1 cucharadita de sal
⅔ taza de mantequilla fría
4-5 cucharadas de agua fría

Para los pescados: Derretir la mantequilla en una sartén hasta que burbujee. Añada la cebolla y el ajo, cocínelos hasta que estén transparentes. Añada el caldo o la pasta de pescado triturada, revolviendo. Ponga el bacalao en su cama de vegetales y añada el vino blanco. Deje hervir a fuego lento mientras el pescado se cocina.

Para el relleno: En una cacerola mediana, derretir la mantequilla a fuego medio hasta que esté espumosa. Añada la harina de a poco, creando un roux. Deje que se dore ligeramente. Añada el caldo de pollo poco a poco, batiendo constantemente. Añada las hojas de tomillo mientras burbujea y se espesa. Añada las zanahorias y los guisantes cocidos.

Para la corteza: Poner la harina y la sal en un tazón para mezclar, y revolver para mezclar. Corta la mantequilla fría. Añade el agua, revuelve, y luego ponlo en una hoja de pasta. Desenrollar la corteza inferior y colocarla en un plato de pastelería. Añade el pescado y luego vierte el relleno cremoso. Extienda la segunda corteza y colóquela sobre el pastel. Crear agujeros de ventilación para el vapor y ondular los bordes.

Hornee el pastel de pescado a 425 grados durante 35-40 minutos.

Ensalada de pasta con costillas

Ensalada de Pasta

2 calabacines medianos, en rodajas
2 tazas de guisantes
1 cabeza de brócoli, cortada en ramilletes
¼ cebollas de verdeo cortadas, en rodajas
2 dientes de ajo picado
1 libra de pasta de pajarita cocida

Vestimenta

¼ vinagre de hierbas

¼ taza de miel

JARDINERÍA ACUAPÓNICA

¼ taza de jugo de limón recién exprimido

2 cucharadas de cebollino picado

2 cucharadas de perejil italiano de hoja plana picada

3 cucharadas de mostaza Dijon

Salpicar vino blanco seco

sal y pimienta al gusto

Topping:

2 tazas de pescado cocido, escalfado en vino blanco y condimentado con un puñado de tomillo.

Preparar el **aderezo**

1. Licue la mostaza con un chorrito de vino blanco seco en un pequeño tazón.
2. Bata el vinagre y la miel en la mezcla de mostaza.
3. Añada las hierbas y especias.

Mezcle las verduras con la pasta cocida y enfriada. Agregue el aderezo y revuelva para cubrir bien. Coloque el pescado sobre la cama de pasta.

Pasteles de pescado

6 cucharadas de mantequilla, divididas

1 cebolla pequeña, picada

2 dientes de ajo picado

1 libra de pescado fresco, picado

¼ taza de mayonesa

1 huevo grande, ligeramente batido

JARDINERÍA ACUAPÓNICA

1 cucharada de mostaza de Dijon

1 cucharada de salsa de soja

1 cucharada de jugo de limón

¼ cucharadita de salsa picante

Sal y pimienta

3 tazas de migas de pan, divididas en una taza y dos tazas

1. Derrita 2 cucharadas de mantequilla en una sartén grande.
2. Añada la cebolla y el ajo, cocine hasta que estén tiernos, retire del fuego.
3. Ponga las verduras salteadas en un bol con los trozos de pescado.
4. Añada el huevo batido y la mayonesa, revolviendo.
5. Añada todos los condimentos, removiendo.
6. Añada 2 tazas de pan rallado, revolviendo.
7. Modifique la mezcla en ocho pasteles de pescado.
8. Cubra cada pastel con la última miga de pan.
9. Derrita la mantequilla restante en la sartén. Déjala chisporrotear y hacer espuma.
10. Ponga los pasteles en la mantequilla y cocínelos a fuego medio-alto de 4 a 5 minutos por cada lado, hasta que se doren y el pescado esté cocido.
11. Sáquelo de la sartén y saque el exceso de aceite con toallas de papel.

JARDINERÍA ACUAPÓNICA

El condimento de maíz dulce:

4 tazas de maíz

2 tomates grandes picados

3 cebollas verdes, en rodajas

¼ cucharadita de vinagre de hierbas

Mezcle las verduras con el vinagre y adorne los pasteles de pescado.

Rellenos de chile con pescado blanco

1 libra de trozos de pescado cocido

2 cucharadas de mantequilla

½ taza de cebolla picada

1-2 tazas de chiles verdes picados

2 cucharaditas de mejorana

1 cucharadita de comino

1 ½ taza de crema

¼ taza de harina

4 huevos batidos

2 tazas de queso rallado.

1. Derrita la mantequilla, añadiendo la cebolla y los chiles. Cocine hasta que estén tiernos.
2. Cubra un plato de hornear con mantequilla.

3. Mezcle la harina y la crema hasta que esté suave. Añada los huevos y bátalos bien. Añada las especias.
4. Doble el pescado cocido en la mezcla cremosa.
5. Vierta la mezcla cremosa en un plato para hornear preparado.
6. Cubra con queso.
7. Hornee a 350 grados durante 45-50 minutos, hasta que un cuchillo salga limpio.
8. Déjelo reposar cinco minutos antes de servir.

Crepes de mariscos

Relleno:

2 cucharadas de mantequilla

2 cucharadas de harina

¼ a ½ taza de vino blanco seco

Salvia o albahaca o mejorana picada

Trozos de pescado blanco.

1. Derrita la mantequilla y añada la harina.
2. Deje que el roux se dore antes de añadir el vino. Bata.
3. Añada las especias y el pescado, y cúbralo con una tapa bien ajustada. Deje que el pescado se cocine. Cuando esté bien cocido, retírelo del fuego.

Crepe:

1. 1 taza de harina

2. 1 ⅓ taza de líquido, compuesto de leche y agua
3. ¼ cucharadita de sal
4. 3 cucharadas de mantequilla
5. Mezcle la harina, el líquido y el condimento en una licuadora y refrigere
6. Derrita la mantequilla en la sartén hasta que se disuelva.
7. Vierta la taza de mezcla ½ en la sartén e incline la sartén para que llene el fondo.
8. Deje que se dore, voltéelo, y cuando el segundo lado esté marrón, levántelo.
9. Colóquelo en un plato con una capa de papel encerado entre cada crepe.

Cuando las crepas estén cocidas, ponga una en cada plato. Añada el relleno y enróllelo. Adorne con una ramita de romero.

JARDINERÍA ACUAPÓNICA

PARTE IV

LA CIENCIA DETRÁS DE LA JARDINERÍA ACUAPÓNICA

CAPÍTULO DIECISIETE

GLOSARIO DE TÉRMINOS

bomba de aireación - Todas las criaturas de Dios necesitan oxígeno, y los peces no son una excepción. Una pequeña explicación de cómo lo usarán los peces ilustra la importancia de suministrar este elemento básico de sustentación de la vida. Los peces pueden no tener pulmones, pero aun así necesitan aire para respirar, filtrando el oxígeno disuelto del agua a través de sus branquias.

Las branquias (normalmente cuatro a cada lado) están situadas justo detrás de la cabeza y son una serie de aletas óseas con filamentos. Así como el bronquio humano se divide una y otra vez para formar un árbol pulmonar para la entrada e intercambio de oxígeno, los filamentos de las branquias soportan una red de láminas. El agua corre a través de las branquias y esos pequeños filamentos ocupados emplean acción osmótica para extraer oxígeno del agua y se libera dióxido de carbono en el intercambio. Ese precioso oxígeno que sustenta la vida se absorbe directamente en el torrente sanguíneo de los peces.

El oxígeno atmosférico comprende alrededor del 20% del aire que respiramos, pero ese número se reduce significativamente cuando hablamos de oxígeno disuelto en una pecera. La cantidad de oxígeno disuelto en el agua disminuye a medida que la temperatura del agua aumenta. Echa un vistazo al capítulo 10, en el que se enumeran las temperaturas del agua para varios peces. A 59 grados Fahrenheit el agua absorberá menos del 5% del oxígeno disponible en el aire, 4,35% para ser exactos. Esa cifra disminuye por cada grado de temperatura a medida que el agua se calienta. De ahí la necesidad de una bomba de aireación.

¿Cómo se elige uno? Me alegro de que lo pregunte. Aquí están algunas de mis mejores elecciones:

La Bomba de Aire Tetra Easy Whisper es una excelente elección. Su fabricante afirma que su sonido silencioso es el resultado de que su superficie abovedada reduce el ruido del motor. Si su tanque está despejado y quiere disfrutar de sus peces mientras nadan, esta le proporcionará burbujas para aumentar su placer visual. Viene con una garantía de por vida, lo que es una ventaja si no quieres arreglar una avería por ti mismo.

Viene en cinco tamaños graduados para cualquier escala que haya diseñado para su pecera. Las críticas de la compañía no son las mejores, pero compruebe usted mismo la página web.

JARDINERÍA ACUAPÓNICA

La bomba de aire Hygger de 16 mm es otra gran opción. Es silenciosa, y apropiada para un tanque de hasta seis pies de profundidad, bombeando 16 L/min de aire. Viene con solo un año de garantía, no se recomienda su uso en exteriores, y no debe mojarse.

La bomba de aire Active Aqua tiene siete pulgadas de diámetro y no es sumergible. Ofrece mucha aireación y es bastante silenciosa, y viene con un detallado conjunto de instrucciones para su instalación. El sistema es eficiente en energía, pero no lo uses si tu jardín acuático está al aire libre.

Para un tanque más pequeño (50-160 galones), la bomba Fluval q2 es una buena alternativa. Es de bajo mantenimiento y barata de instalar, aunque necesitará un aireador para el tanque. Está diseñada con una cámara de doble pared para amortiguar el ruido, tiene diafragmas reemplazables, y circula 25 L/min en el flujo de aire.

Una quinta gran opción es la bomba Mylivell. No es impermeable y se conecta a través de una ventosa al exterior del tanque. Es de bajo voltaje y funciona sin motor, lo que la convierte en una de las opciones más silenciosas disponibles. Esto es adecuado para una instalación más pequeña.

Tenga en cuenta que muchos de estos no vienen con tubos, así que lea la letra pequeña para asegurarse de que tiene todo lo que necesita cuando llegue el momento de

JARDINERÍA ACUAPÓNICA

instalarlo.

Algas - Esas desagradables hebras verdes en su tanque son una gran molestia, pero peor aún, pueden destruir su jardín acuapónico. Las algas son organismos que crecen en el agua. Algunas son solo organismos unicelulares, y otras crecen en colonias creando cloroplastos a medida que crecen. Si no se controlan, pueden enturbiar el agua y hacer que se sienta sucia. Peor aún, las algas afectan tu nivel de pH y utilizan el precioso oxígeno en su crecimiento.

Veamos primero los problemas de oxígeno. Sus peces necesitan oxígeno, y lo último que desea es encontrarlos asfixiados una mañana debido al agotamiento de oxígeno durante la noche. ¿Cómo ocurre eso, y qué tienen que ver las algas con ello? Como todas las plantas, las algas producen oxígeno durante la fotosíntesis diaria. Por la noche, cuando no hay luz para la fotosíntesis, estas hebras comenzarán a utilizar la reserva de oxígeno disuelto de su tanque para su propio crecimiento, lo que resulta en niveles más bajos para sus peces. Si sus peces parecen estar sufriendo a pesar de los altos niveles de oxígeno, compruebe sus lecturas durante la mitad de la noche. Puede que las encuentre extremadamente bajas. Peor aún, cuando las algas empiezan a morir, las células consumen oxígeno para descomponerse y agotar aún más su reserva de oxígeno.

Las algas también afectan a su delicado equilibrio de pH.

Éstas, como en la fotosíntesis, se relacionan con la salida y la puesta del sol, y se llaman columpios diurnos. Como las algas consumen CO_2 durante el día, elevan el pH del agua, haciéndola más básica. Las lecturas fluctúan en función de cuándo termina la fotosíntesis, y el pH de su agua disminuirá, volviéndose más ácido. Mantener su sistema en equilibrio se vuelve complicado y requiere mucho tiempo.

La mejor solución radica en prevenirlo. Asegúrese de mantener niveles adecuados de pH y oxígeno en el agua y asegúrese de que la bomba mantenga el agua en movimiento sin estancarse. Mire el nivel de fósforo de su agua. Si ve que comienza, intente controlar la cantidad de crecimiento. El sombreado del agua disminuirá su formación, ya que las algas necesitan la luz del sol para crecer.

La filtración también ayuda. Si tiene el ingenio y el tiempo para armar los filtros, las pantallas y los dispositivos para eliminar los alimentos no consumidos, los desechos y las plantas en descomposición, puede evitar la acumulación de algas. Dependiendo del tipo de filtro que use, pasará el agua a través de almohadillas, esponjas o lana para enganchar los desechos antes de que vuelvan al tanque. Deberá limpiar el filtro periódicamente. Sáquelo del tanque, límpielo en agua clara y devuélvalo rápidamente, encendiendo todo de nuevo. Una advertencia: Usen algo que no sea agua del grifo para no matar las bacterias cultivadas.

JARDINERÍA ACUAPÓNICA

Además de la filtración mecánica, también se dispone de sistemas que emplean productos químicos. La compra de un sistema puede ser costosa, pero hay que contrarrestarla con el costo de perder la cosecha o ver morir a los peces. ¿Qué escenario quiere manejar? He encontrado que la compra de un sistema de filtración es más valiosa que el ensayo y el error, y prefiero los sistemas mecánicos a las estrategias biológicas o químicas.

Una almohadilla filtrante de acuario en una opción fácil. Es adaptable a cualquier tamaño o forma requerida, y barato. Deberá reemplazarlo cada tres o cuatro semanas, así que establezca un régimen y una forma de llevar un registro del tiempo.

Otro método utiliza carbón activado, que viene en forma de pellets. Puede molerlo al tamaño del producto que desee, usando los gránulos o reduciéndolo a un polvo fino. Funciona de manera rápida y eficiente, y es menos desagradable.

Una tercera opción es un medio reutilizable que funciona de manera diferente. Estos tienen la forma de pequeños hexagramas para aumentar la superficie del agua hasta el medio de filtración, y funcionan muy eficientemente.

Mire todos los productos disponibles y lea las reseñas para seleccionar el que desea utilizar. El punto es ser proactivo y reducir las algas inmediatamente. La limpieza del tanque mantiene a los peces sanos y los niveles de agua dentro de los límites normales.

biofiltro - Escuchará este término mucho en la jardinería acuapónica, pero no es complicado. Un biofiltro sirve para extender su lecho de microbios, convirtiendo los desechos de los peces en alimento para las plantas. Sí, es realmente así de simple. Se convierte en una consideración importante cuando se sumergen las plantas en el agua en lugar de cultivarlas en un medio de crecimiento como los gránulos de hidrógeno.

Si tiene una operación grande con una gran cantidad de plantas de camas y agua superficial de sobra, puede utilizar un medio flotante como el medio K1 para aumentar el área de superficie de los microbios y proporcionar una fertilización adecuada. También puede instalar bandejas estáticas o filtros de goteo y hacer un ciclo de su agua a través de ellos entre el filtro de residuos sólidos y las plantas sumergidas.

Su necesidad de un biofiltro está determinada por la densidad de su población de peces en relación con el volumen de agua, así como por la cantidad de plantas que desea cultivar. Si mantiene una pequeña cantidad de peces y no los sobrealimenta, producirá menos desechos sólidos y podrá sobrevivir sin un biofiltro.

Cultivo en aguas profundas - Esta técnica de cultivo implica un suministro de agua más profundo con plantas flotantes que descansan en la superficie, sus raíces sumergidas en el agua. Alivia la necesidad de canales o tubos, bombeando el agua a través de una serie de tanques, y es escalable desde la más pequeña de las ambiciones hasta grandes balsas de plantas cultivadas con fines comerciales.

Este sistema de regar y alimentar sus plantas tiene siglos de antigüedad, y sigue siendo una de las formas más simples de acuaponía hoy en día. También se conoce como un sistema de inundación y drenaje. Creará su "mesa de inundación" cultivando productos en una bandeja de plástico con su medio de crecimiento colocado sobre el depósito del tanque. Varias veces al día se enciende la bomba del sumidero para bombear tu alimento acuático por un tubo, vaciándolo en tu bandeja de cultivo. Deje que se siente allí y drene lentamente hasta la próxima inundación/alimentación programada para sus plantas. Puede instalar un temporizador para manejar el proceso automáticamente.

Comida para peces - ¿Qué comida y cuánto va a recibir? Nelson Pade ofrece un gran alimento orgánico, no OGM para peces, disponible en bolsas pequeñas o grandes en línea. También puede comprar comida para peces en tiendas de mascotas locales o en un WalMart cercano. Lo que alimentas a los peces está determinado por el tipo de pez que estás cultivando, pero tenga en cuenta algunas cosas básicas. Primero, cuando compre cualquier tipo de alimento para peces, estará cargado con una buena mezcla de nutrientes, un equilibrio de proteínas, carbohidratos, grasas y minerales. Por eso es tan caro.

Otros optan por hacer el suyo propio. Si quieres reducir los costos, prueba con la lenteja de agua, cavando gusanos en el patio trasero, o metiendo algunas larvas en tu tanque. Si tus peces son exigentes y no quieren comer estas delicias, tendrás que recoger los restos para evitar el exceso de tensión en los filtros.

Organismos modificados genéticamente - Las empresas agrícolas comenzaron a experimentar con formas de mejorar la Madre Naturaleza e idearon maneras de modificar la estructura genética de los alimentos que comemos. Sus buenas intenciones de reducir la escasez de alimentos desataron una tormenta de controversia sobre los beneficios frente a los daños de la ingestión de OMG.

El aumento de las alergias alimentarias ha pasado del 3,4% a finales de los años noventa a más del 5% en 2011. No hay evidencia de que los alimentos genéticamente modificados sean responsables, pero tampoco hay evidencia de que no lo sean. La creciente incidencia de cáncer en todo el mundo, junto con el aumento del desarrollo de super bacterias, todo ello da pie a los argumentos en contra de los alimentos modificados genéticamente. Una vez más, no hay pruebas de ninguna de las dos maneras, pero ¿puedo sugerir que no es natural?

JARDINERÍA ACUAPÓNICA

Cultivar luces - ¿Quién tiene suficiente luz solar para un jardín acuapónico interior? No muchos de nosotros. Por suerte, tienes opciones, y tienes tres consideraciones principales. Primero, mire su tamaño para estar seguro de que satisfará las necesidades de su jardín. Segundo, mira cómo se fija. Algunos se atornillan a los enchufes de luz existentes y otros se montan en el techo. Tercero, mira las características de la luz. ¿De qué color es la luz que emite? ¿Necesita ser regulada? ¿Es ruidosa? Y lo más importante, ¿qué tipo de calor emite? Ya lo sé. Suena como demasiadas complicaciones para algo tan simple como la luz, pero nada es simple cuando se trata de jardinería acuapónica. Esto es ciencia, gente

La luz colgante Feit se adapta a un accesorio al ras o suspendido, y se pueden obtener varios tamaños que van desde 5 pulgadas a 2 pies de diámetro. Funciona con energía eléctrica de 120 V y tiene una garantía de 2 años. Tenga en cuenta que tiene un cable de 5 pies, así que téngalo en cuenta.

Esta luz suspendida de bambú es asequible y ofrece la conveniencia de ser escalable. Se pueden apilar para ampliar las aplicaciones. Las luces LED son económicas y no requieren de ajustes a medida que sus plantas crecen. Son ideales para una instalación pequeña.

Si necesita un sistema más grande, mire el sistema de iluminación Philizon, hecho en China. Estos van desde una versión más pequeña disponible en el Amazonas como una variedad de 600 LCD, hasta múltiples barras para un cultivo extensivo.

Hierbas - Estas son excelentes para los jardines acuapónicos, porque a diferencia de las verduras, se cultivan pequeñas cantidades para dar sabor a los platos en lugar de comidas enteras.

Las hierbas culinarias crecen de muchas maneras diferentes. Algunas son perennes, otras parecen pequeños arbustos, y otras como pequeños árboles. El tomillo, la salvia, la lavanda, el perejil, la albahaca, el romero y el laurel son las hierbas más comunes. Hay más de cuatrocientas hierbas medicinales que se pueden cultivar, pero se requiere saber cómo usar la hierba. Algunas están impregnadas en tés. Algunas se pueden aplicar tópicamente. Otras pueden ser ingeridas, pero no es una ciencia exacta.

Soy un amante de la idea de la curación homeopática, pero nunca soy lo suficientemente valiente como para crecer y automedicarme. Mi recomendación: cultive lo que usará para sazonar su comida.

Túnel alto - Esta es una estructura construida y cubierta con plástico. Sirve como un miniinvernadero y puede ser una simple cubierta protectora o una elegante con sistemas de riego instalados, ventiladores y una fuente de calor. Los propietarios han estado saltando en el vagón del túnel alto, y con buena razón. También conocidas como casas de campana, estas estructuras sin calefacción prolongan la temporada de crecimiento. Tanto los jardineros aficionados como los cultivadores comerciales las han adoptado, especialmente desde que la USDA comenzó su iniciativa del túnel alto. Vienen en muchos tamaños y configuraciones diferentes, que van desde 1000 pies cuadrados hasta enganchar varios juntos, abarcando varios acres.

Homeostasis- Simplemente definido, es el proceso de apoyar la vida manteniendo un equilibrio de neutralidad dentro del cuerpo u organismo. Si puede comprender el proceso en su propio cuerpo, tiene un marco de referencia para comprender lo que está sucediendo en su jardín acuapónico. Su cuerpo emplea muchos mecanismos compensatorios para mantener el nivel ideal de azúcar en la sangre, presión arterial, temperatura corporal, nivel de agua celular y pH, por nombrar algunos.

Su pH corporal ideal es de 7.35 a 7.45. Dentro de este rango estrecho, está ejecutando sus motores en los cuatro cilindros. Supongamos que empieza a hiperventilar. Su cuerpo expulsará dióxido de carbono (CO_2), que es un ácido, en cada respiración. Esa pérdida de CO_2 hará que su sangre sea más alcalina, reduciendo el pH de la misma. Para compensar, los riñones se activarán, excretando bicarbonato (HCO3), que es alcalino, y listo, el pH de su sangre vuelve a un nivel dentro de su rango normal.

JARDINERÍA ACUAPÓNICA

Hidroponía - Literalmente, esto significa cultivar plantas en el agua. Debido a que muchos de los mismos principios se emplean en un jardín *acuapónico*, recuerde, una parte de la palabra se deriva de la hidroponía, vamos a ver sus opciones. Comprende estos principios antes de diseñar tu sistema.

Se pueden construir seis tipos de jardines hidropónicos, y los tres primeros requieren más ingenio, o prueba y error, que los tres últimos.

- El sistema de mecha se utiliza insertando una mecha (piense en una mecha de vela) en el contenedor de plantas, que extrae el agua para alimentar y regar las raíces.

- Un sistema de cultivo de agua emplea contenedores ligeros que contienen plantas que flotan en el agua, absorbiendo directamente el agua cargada químicamente.

- Un sistema de flujo y reflujo requiere sumergir una planta en agua y luego drenarla de una a otra, y así sucesivamente. Requiere un mecanismo de bombeo para regular el flujo de agua.

- Un sistema de goteo requiere una bomba con un temporizador, que como se puede adivinar, gotea agua sobre las plantas a intervalos apropiados.

- En la jardinería hidropónica y acuapónica se utiliza una película de nutrientes que bombea

JARDINERÍA ACUAPÓNICA

constantemente el agua fertilizada químicamente a través de las raíces.

Hidrotón - Estas pequeñas gemas son una forma de arcilla seca que se rompe y se hornea en pequeñas bolitas. Si alguna vez ha enraizado plantas en un vaso de agua, sabe que la planta languidece contra el costado del vidrio porque su tallo no tiene soporte propio. Sus plantas necesitan algún tipo de estructura para crecer rectas y altas. La fuente más frecuente en la jardinería acuapónica son los gránulos de hidrógeno.

La mayoría de los centros de jardinería ofrecen bolsas de vermiculita y otros medios basados en el suelo en grandes exhibiciones. Antes de entrar en el mundo de la jardinería acuapónica, tampoco estaba familiarizado con ella, pero pronto aprendí que ofrecía cinco beneficios:

1. Los pequeños gránulos están llenos de diminutos poros, y son como esponjas que crecen en el fondo del océano. Absorben el agua, pero drenan el exceso si se usan en una aplicación en el suelo. Para nuestros propósitos, retienen el agua y proporcionan una superficie para el crecimiento bacteriano necesario.

2. Estas bolitas de arcilla cocida mantienen su forma con el tiempo, no necesitan ser reemplazadas tan a menudo, y permiten a las raíces de las plantas intercambiar continuamente nitrógeno por oxígeno.

3. Las bolitas mantienen el equilibrio ácido/básico adecuado en su jardín.

4. Los pellets se producen en hornos gigantescos y la alta temperatura da como resultado un producto estéril. Desea cultivar sus propias bacterias, no introducir microbios tóxicos para las plantas o los peces en la mezcla.

5. Los gránulos de hidrógeno son reutilizables. Puedes enjuagarlos y usarlos una y otra vez. ¡Qué ganga!

Agregados LECA - Hay un número de medios de cultivo por ahí. Todos los guijarros de esta categoría funcionarán para usted. Necesitarás pequeñas macetas de red de 1.5 a 2.5 pulgadas de diámetro. Remoje sus guijarros y coloque semillas en la parte superior, cubriéndolas con uno o dos guijarros remojados en agua, dependiendo de la profundidad de plantación recomendada. Hidrotón es una marca de pellets, generalmente fabricados calentando la arcilla en un horno rotativo. A medida que se calienta, la arcilla se expande y forma gránulos con áreas de superficie increíblemente aumentadas para cultivar las bacterias que necesita como medio de crecimiento.

Cuando abra el paquete, póngalos en remojo de 4 a 6 horas para eliminar el polvo, así como para asegurarse de que no flotarán en su sistema. Algunas formas no serán buenas para el pH de tu agua. ¿Cómo lo sabes? Haga una prueba de vinagre. Ponga un pequeño puñado de bolitas en un vaso de vinagre. Si las burbujas suben a la superficie, tiene demasiada piedra caliza en su

JARDINERÍA ACUAPÓNICA

composición y no funcionará para su sistema. Siempre busque pellets más pequeños, porque los más grandes tienen más espacio de aire. Desea la mayor superficie porosa posible.

Lecho de medios - Este sistema se parecerá más a la jardinería tradicional, ya que las macetas o bandejas más grandes contienen los gránulos de LECA (Lightweight Expanded Clay Aggregate), y la planta crece pareciéndose a su homóloga tradicional. El lecho debe tener unos 30 cm de profundidad, y eso aumenta el costo sustancialmente.

El recipiente que elija puede ser la decisión más importante que tome. Ocupará la mayor cantidad de espacio, y necesitará una profundidad que se adapte mejor a las plantas que quieres cultivar. Llénalo con guijarros, generalmente de Hidrotón, a menos de dos pulgadas de la parte superior. Recuerda que se recomiendan 12 pulgadas. Este lecho de cultivo actúa como un biofiltro.

Si está construyendo un sistema de torres con tubos de PVC como cama de jardín, vas a invertir en muchos más pellets. No escatime en esto. Menos no, es más, más, es más.

El ciclo del nitrógeno - Este es el proceso que sostiene la vida en el planeta Tierra. Mientras que el nitrógeno en su estado gaseoso comprende alrededor del 87% de nuestra atmósfera, sus cualidades de sustentación de la vida no son accesibles para nuestros cuerpos en su estado gaseoso.

1. Los científicos llaman al primer paso en el ciclo de fijación de nitrógeno. Las bacterias convierten los desechos de los peces en amoníaco. El amoníaco (si recuerdas la clase de química) es químicamente conocido como NH3, y comienza el proceso de nitrificación.
2. En la nitrificación, las bacterias transforman el NH3 en NO3, que las plantas utilizan como fertilizante de nitrato.

En la jardinería acuapónico, la parte más importante de este ciclo de vida no son ni los peces ni las plantas. Es el medio de crecimiento. El Ciclo del Nitrógeno tiene lugar en el medio de crecimiento, a menudo en forma de pellets de hidrógeno, donde las bacterias nitrificantes encuentran un hogar y llevan a cabo esta importante parte del proceso.

Lámina de nutrientes - Una lámina de nutrientes es una fina capa de agua rica en nutrientes que fluye a través de las raíces de las plantas para su absorción. En los sistemas de riego hidropónico (que es la acuaponía, que simplemente sustituye a los peces con productos químicos), el agua se distribuye en canales, a menudo sin la ayuda de bombas. La pendiente del canal, la velocidad a la que el agua fluye y el tamaño adecuado del sistema de canalización, trabajan juntos para crear este sistema perfecto para el crecimiento saludable de las plantas. Usted leerá acerca de la mecha y el flujo y reflujo en la jardinería hidropónica, pero no se sienta abrumado. Eliminamos la mística en la jardinería acuapónica usando una pequeña bomba, que elimina la necesidad de un título en física, lo que resulta en la distribución automática del agua.

Jardinería orgánica - La jardinería orgánica es el crecimiento puro y sin adulteración de las plantas sin fertilizantes químicos, herbicidas o pesticidas. Muchos afirman que se han relacionado con el cáncer de mama, la función cerebral dañada, la enfermedad de Parkinson, los abortos espontáneos, los defectos de nacimiento, el autismo, el cáncer de próstata, el linfoma no Hodgkin y la infertilidad. Por favor, date cuenta de que un vínculo no es una prueba definitiva de la causalidad, pero es suficiente para hacer que una persona pensante diga, "Hummm". También hay otros beneficios. Muchos creen que la toxicidad compuesta de verter constantemente productos químicos en nuestro suelo, en todo el mundo, será catastrófica en los próximos años. Aquaponics ofrece una experiencia de jardinería 100% orgánica.

Equilibrio del pH - Mantener un equilibrio ácido/básico neutro en el agua es cuestión de regular las reacciones químicas que tienen lugar. Esto se logra, en parte, mediante el ciclo del nitrógeno, y la nitrificación forma la base química para mantener la vida acuática y vegetal en su jardín acuapónico. Así es como se desarrolla el ciclo en tu pequeño microcosmos de drama submarino. Sus peces comen y convierten sus proteínas ingeridas en amoníaco (NH_3) y amonio (NH_4^+).

El amoníaco en sus aguas es tóxico para los peces, por lo que es imperativo que el proceso de nitrificación comience a tener lugar inmediatamente. Las bacterias normales y beneficiosas de su agua se colonizarán en el medio que ha instalado en su tanque (normalmente guijarros de arcilla como el hidrógeno). Una de esas bacterias beneficiosas es la nitrosomona, que transforma químicamente el amoníaco en amonio al combinarse con el oxígeno que está bombeando en el agua a través del aireador. Esto es lo que ocurre:

$$NH_3 + O_2 \rightarrow NO_2 + 3H^+ + 2e^-$$

Esto representa el primer paso en la nitrificación. El segundo paso es la introducción de una segunda bacteria igualmente importante, la nitro bacteria, que completa el proceso de convertir el amoníaco en nitrato, es decir, en alimento vegetal. Esto es lo que ocurre:

$$NO_2 + H_2O \rightarrow NO_3 + 2H^+ + 2e^-$$

Esos dos electrones sueltos son absorbidos por el agua, haciéndola más ácida y aumentando así el pH. Tu equipo de prueba medirá los niveles de nitrato, nitrito y amoníaco dentro del agua, para que puedas seguir el proceso día a día.

JARDINERÍA ACUAPÓNICA

La fotosíntesis... Ya escuchaste todo esto en la escuela, pero probablemente entró por un oído y salió por el otro. Ahora, es hora de ponerse serio y asegurarse de que entiendes lo que está involucrado. Sabes que es un proceso químico en el que las plantas toman la luz del sol y convierten su energía en cloroplastos, manteniendo las plantas verdes y saludables. En esta reacción de toma y daca, el agua transfiere electrones al dióxido de carbono para producir carbohidratos. Durante la reacción, el dióxido de carbono pierde electrones y el agua se oxida. El ciclo es la forma en que la Madre Naturaleza mantiene felices a todas las plantas y animales a través de intercambios mutuamente beneficiosos.

Bomba de sumidero... No escatime en su bomba. Mientras cuentas el costo de la construcción de su jardín acuapónico, siempre existe la tentación de canalizar su dinero hacia un acuario más elegante o hacia más peces. Resiste esa tentación. Su ecosistema solo será tan bueno como sus huesos, y necesita invertir en el equipo adecuado. Aquí están mis cinco mejores elecciones:

Las bombas de mar Fluval Hagen, que vienen en tres tamaños, son tan buenas como cualquiera de las del mercado. Su tecnología patentada Smart-PumpTM, ofrecida en los dos modelos SP4/SP6, monitoriza su eficiencia y se apaga en caso de sobrecalentamiento. Su funcionamiento en frío no afectará a la temperatura del agua, una gran ventaja. Como no es de metal, nada se corroe con la humedad exterior o la exposición al agua del tanque. Es sumergible, pero también puede funcionar fuera del tanque. Tenga en cuenta que no es el más silencioso que hay, pero si su sistema está en el sótano o fuera de las puertas, puede que no sea un problema.

Una segunda opción a considerar es la Aqueon. Conocido por una tasa de flujo ajustable, le ofrece mucho más control sobre su nuevo ecosistema. Los fabricantes afirman que es silencioso, pero los críticos no están 100% de acuerdo con esta característica. Es fácil de instalar y es sumergible, por lo que es adecuado para un jardín al aire libre.

La Bomba Sumergible de Onda Sinusoidal DCP de Jebao es perfecta para un jardín acuático más grande. Es sumergible, potente y relativamente silenciosa. No afectará la temperatura del agua dentro de su tanque. Es uno de los cinco modelos de Jebao entre los que puede elegir, así que haga sus deberes y mire todas las opciones antes de hacer una compra.

También estoy impresionado con los modelos de Eheim. Esta empresa fabrica bombas para estanques, así como varias opciones para varios tamaños de acuarios. La Universal 600 viene en un modelo más grande y compacto. Viene con un prefiltros extraíble y está diseñado para una eficiencia silenciosa. ¿La desventaja? Como es de esperar, no es la bomba más barata del mercado. Mi santa madre siempre decía: "Solo se obtiene lo que se paga", y en este caso, tiene razón. Creo que vale la pena el dinero.

Mi quinto favorito es el modelo de Uniclife. El DEP-400 está equipado con una función de memoria para almacenar los ajustes, muy útil cuando se quiere apagar o bajar su salida, lo que hace más fácil volver a configurar. Está fabricado con una pantalla de entrada que sirve como un mini-filtro para ayudar a mantener fuera los desechos. Los fabricantes sugieren que se haga funcionar bajo el agua para mantener el motor frío, pero ya sabes lo que eso significa, ¿no? Aumentará la temperatura del agua. En el lado positivo, es eficiente en cuanto a la energía.

Haga sus deberes. Mira las especificaciones de fabricación, habla con gente que sepa. Comprueba las tiendas de mascotas, así como los profesionales de Grainger. Si está construyendo una torre de lechos de cultivo, necesitarás más de una bomba de calidad profesional, así que planifica en consecuencia.

Sostenibilidad - Vivimos en una delicada relación con nuestro hogar en la Tierra, y todo lo que hacemos afecta a esa relación. Cuando crecemos y consumimos responsablemente, la naturaleza y el hombre viven mano a mano. Nuestro objetivo es vivir *con* nuestro medio ambiente. Nutrirlo, no saquearlo. Durante demasiados años hemos visto a la Tierra como un genio mágico, despojándola de sus recursos naturales sin pensar en las consecuencias. La sostenibilidad es una nueva forma de ver nuestro hogar en la Tierra, y de usar nuestros recursos de manera que asegure que las generaciones futuras nunca se queden con un medio ambiente en bancarrota.

En 1969, los Estados Unidos aprobaron la Ley de Política Ambiental Nacional "para crear y mantener condiciones en las que los seres humanos y la naturaleza puedan existir en armonía productiva, que permitan cumplir los requisitos sociales, económicos y de otro tipo de las generaciones presentes y futuras". Con este fin, la EPA estableció estrategias que mantienen al hombre y a la naturaleza en equilibrio. Dos de sus proyectos más ambiciosos y valiosos han facilitado el aumento del número de túneles altos y paneles solares instalados en todo el país. Las rebajas y la información han llevado a muchos a buscar un estilo de vida más sostenible. Tanto los preparadores como los aficionados se benefician de sus iniciativas.

Simbiosis - En su definición más básica, la simbiosis es el proceso de dos organismos que viven juntos. En el comensalismo, un organismo se beneficia del otro (piense en las telarañas de los árboles). En el parasitismo, uno vive del otro (piense en las tenías). En el mutualismo, ambos organismos se benefician, como en la acuaponía. Sus bacterias son pequeños organismos unicelulares que usted quiere nutrir y dar un hogar, porque están intercambiando el amoníaco que sus peces excretan en un valioso fertilizante para sus plantas. Estas bacterias beneficiosas no causan enfermedades ni te infectarán, así que no te preocupes. Esta es una situación de ganar / ganar para los peces y las plantas. ¡Encuentra hojas de trabajo simbióticas para aprender más!

Kits de análisis de agua - A estas alturas ya te das cuenta de la importancia de controlar tu agua. El sistema más lujoso medirá el pH, el oxígeno, los niveles de amoníaco, los nitratos, los nitritos, la dureza general y la dureza del agua con carbonatos, el potasio, el hierro y los oligoelementos. Veamos primero los valores normales.

- El pH del agua debe estar entre 6 y 8, siendo 6,5 el ideal.

- Las medidas de amoníaco indican entre 0,25 y 8,0 ppm de amoníaco.

- Un buen equipo medirá los nitritos entre 0,25 y 5,0 ppm de nitritos.

- Busca un kit que mide rangos de 5 - 160 ppm de nitratos.

- Un kit de ideas también medirá la dureza general del agua, así como la solución mineral. Los mismos elementos que hacen que el agua sea dura o blanda también afectarán a su acuario. Si utiliza agua de lluvia, no debería contener minerales.

- Los bajos niveles de potasio en el agua afectarán a sus plantas. Puede controlarlo con la adición de hidróxido de potasio, que elevará el pH sin endurecer el agua.

- Al igual que tú, tus plantas necesitan hierro para que les crezcan hojas verdes y exuberantes.

Tenga en cuenta que no está buscando un simple frasco con tiras reactivas. No está midiendo el pH como lo haría en una piscina. Esto es ciencia. Sea minucioso. Aquí están algunas de mis mejores elecciones: Nelson Padeputs con un kit de primera calidad. Ofrecen instrucciones detalladas sobre el uso del kit y tienen una tabla con rangos normales... ¿Mencioné que era lo mejor? Observe cómo se le cae la mandíbula cuando lo mira, pero es muy completo.

Otra opción es de la compañía LaMott, con más de un kit anunciado. Este es otro modelo de gama alta, pero con opciones para hacerlo más asequible.

En el otro extremo del espectro está el Ultimate 14 en 1 frasco con tiras de prueba, disponible en Amazon. Como se puede adivinar, mide catorce niveles diferentes y requiere una evaluación codificada por colores. El potasio y el oxígeno no están en esa lista.

La conclusión es simple: Pruebe su agua o arriesgue perder tanto sus peces como sus plantas. No necesitas el sistema más caro del planeta, pero invertir en calidad marca la diferencia. Mi santa madre siempre decía: "Solo se obtiene lo que se paga", y en el mundo de las pruebas de agua para jardines acuáticos, esto es ciertamente cierto.

Sistema de absorción: esta es una forma muy simple de transportar el agua cargada de nutrientes a las raíces de las plantas. Piense en la forma en que una toalla de papel utiliza el movimiento capilar para extraer la humedad de la encimera de la cocina. Si opera un pequeño jardín acuapónico, puede implementar esta antigua estrategia.

Wicking (Mecha) es un sistema pasivo por el que se extrae agua de su tanque en su lecho de cultivo. No necesitará bombas costosas, y en su lugar instalará mechas compuestas de cuerda o fieltro que tirarán del agua hacia arriba. Asegúrese de mantener el nivel de agua lo suficientemente alto para que no tenga que ser arrastrada muy lejos.

Esto puede adaptarse para un sistema cruzado que utilice tanto medios de cultivo tradicionales como agua acuapónica rica en nutrientes. Prepare un lecho, e instale una tubería para llevar el agua a la base del lecho. El agua viaja hacia arriba para encontrarse con las raíces de la planta sin necesidad de regar desde arriba.

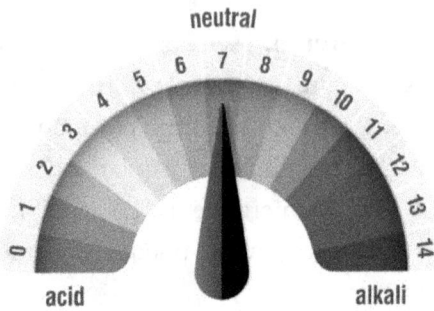

JARDINERÍA ACUAPÓNICA
PALABRAS FINALES

A estas alturas ya es un experto en jardinería acuapónica. Has aprendido lo que es y lo que no es y te venden sus beneficios. Tómese un momento y enumere los motivos por los que desea comenzar uno. Vea cómo su lista se compara con la mía:

- Productos frescos durante todo el año
- Los productos orgánicos y no orgánicos a un precio que puedo pagar...
- Un pequeño grupo lateral que cultiva plantas para otros

Todas estas son razones valiosas para sumergirse en el mundo de la acuaponía. Si eres un preparador o un superviviente, esto es lo tuyo. Si eres un jardinero, esto es lo mejor desde el pan de molde. Y si quiere poner comida fresca en la mesa, este libro ha sido escrito para usted.

Discutimos en detalle el concepto de la jardinería acuapónica. Ya sabe que el ciclo del nitrógeno es su amigo. Lea y relea las explicaciones de cómo cultivar un nutritivo alimento acuapónico para plantas y peces. Encuentre un amigo y explíquele. Si es como yo, puede leerlo y decir: "Eh, eh. Lo entiendo". Una semana después es como si un vacío en mi cerebro lo hubiera succionado todo. No es hasta que lo leo, digiero la

JARDINERÍA ACUAPÓNICA

información, y luego se lo explico a alguien más que se gana un lugar dentro de mi cabeza. Tu comprensión de los conceptos es la clave de tu éxito.

Asegúrese de comprender todas las lecturas necesarias para usar un kit de prueba. Arme un sistema para rastrear mediciones con fechas y normas en la primera columna. Si lo tiene listo, lo usará. Sé por experiencia personal que es muy fácil analizar el agua y pensar. "Hummm. Eso es interesante". Me pregunto qué será mañana. Al día siguiente pruebo el agua y pienso: "Hummm, Eso es interesante". Al tercer día, ya no recuerdo las lecturas del primer día y solo una vaga idea de dónde he estado o dónde quiero estar. Llevar un registro de los resultados es la forma más rápida de producir la mezcla acuosa óptima para sus plantas y es la base de cada ajuste en el proceso. No sea tan descuidado. Sea el más inteligente. Prepare un cuaderno *antes de empezar*.

Piense en el tipo de jardín acuapónico que más le interesa construir. ¿Desea una película de nutrientes simple con riego por goteo o flujo y reflujo? ¿Quieres una cultura de aguas profundas? ¿El lecho de cultivo basada en los medios es más su estilo? Limitar su sistema lleva esto de la teoría a la práctica. Está un paso más cerca de seguir y crear su propio jardín acuapónico.

Ahora, pasa de la teoría a la práctica. Dibuje o refine el jardín de sus sueños. ¿Eres el granjero? ¿El ingeniero? ¿El único ¿El principiante con un estilo de vida agitado que necesita la comodidad de un equipo? No hay una sola manera de aventurarse a través de la puerta del jardín en la jardinería acuapónica. Ningún estilo es superior a otro. Solo está usted, su estilo de vida, los desafíos que hacen que su corazón se acelere con placer. Diseñe un jardín que sea usted o una combinación de usted y su pareja.

Aunque no sea el momento, crear un boceto es su promesa para usted mismo, *algún día. Algún día haré esto*. Un boceto es la base de su lista de compras. Poniéndolo en el papel y dándose cuenta de lo que necesita encontrar o comprar, ha creado una lista de control. Puede ver las ventas y armar una caja con todas sus cosas de manera más económica si lo hace a lo largo del tiempo. Nada se derrota más rápido que un resultado más allá de sus posibilidades. Y no tiene por qué ser así.

Decida sobre sus peces y sus plantas. Aquí es donde todo se convierte en un brillo en tus ojos. Esto le lleva desde el miedo a empezar hasta el gigantesco primer paso de la construcción. Ese primer paso es el único que importa. Creo en el adagio: "Bien *comenzado está a medio hacer*". Si no empieza no puede terminar. Es así de simple. Tiene que dar el primer paso para cortar tuberías o lavar la grava, alguna acción deliberada que lleve lo teórico a lo físico.

Tómese un tiempo para crear el agua perfecta antes de plantar. Ya sabe que el agua cargada de nutrientes contiene la magia del crecimiento. No se apresure en este importante paso del proceso. El éxito es lo que prepara el sistema para el crecimiento continuo, expandiendo su empresa, soñando con sistemas más grandes y mejores. Apresurarse es la sentencia de muerte para todo su tiempo y dinero invertido.

Empiece a experimentar con las recetas. Le abrirá el apetito por más comida sana y le animará a empezar su experimento. Reúna otras recetas que le gusten y deje que formen la base para una vida más saludable, una familia más sana. El estilo de vida que desarrolle puede muy bien salvarle de los efectos devastadores de la diabetes o de las enfermedades del corazón. Cada paso saludable que des se cimienta en un cuerpo más sano y una invitación a continuar el viaje hacia una versión más fuerte de *ti*.

Pase un tiempo revisando el glosario. Este es el desborde de sabiduría extra que puedes seleccionar mientras pasa de su primera experiencia con la acuaponía al estado avanzado de maestro jardinero. Puede que haya repasado gran parte del glosario al principio, queriendo digerir cada capítulo mientras hojeabas las páginas. No importa. Solo no se conforme con un poco de conocimiento. Comprender los conceptos subyacentes es tan importante como la lectura inicial.

Y termine revisando las fotos de nuevo. Una de esas fotos resonó con usted. Era el sistema que más deseaba.

JARDINERÍA ACUAPÓNICA

Mírelo, y úselo como su lista de deseos para un jardín propio, un jardín de todo el año que nunca muere con el aliento del invierno. Las fotos estimulan nuestros corazones y mentes, y le ha dado muchas para que se familiarice.

Estoy orgulloso de usted por seguir con esto y leer el libro entero. Ha aprendido mucho. Su familia y amigos estarán encantados con el resultado, y lo más importante, usted también lo estará. El logro es la forma más alta de crecer en la confianza en sí mismo y la autoestima. Su conocimiento y experiencia lo hacen el experto al que todos recurrirán cuando quieran replicar su jardín acuapónico. ¡Eres lo máximo! Únete a algunos grupos en línea y comparte lo que sabes. Los nuevos amigos que hará serán personas como usted. ¡Te están esperando!

www.ingramcontent.com/pod-product-compliance
Lightning Source LLC
Chambersburg PA
CBHW050317120526
44592CB00014B/1946